台灣新文化運動叢書
Let Taiwan be Taiwan

新國民文庫 018

西進亡國論

黃天麟　著

前衛出版

出版緣起

　　當今台灣正處於政局不安與信念不定的局勢中，此實由於生長在台灣這塊土地的人民，對於台灣的認同與價值觀產生偏差現象。

　　本叢書的發行宗旨，在促進台灣人民的「台灣人意識」、啟發台灣人民「正向性的價值觀」，從而發展出嶄新的「台灣新文化」。使台灣人民散發出「台灣人的優越特質」，並以自己身為台灣人而感到驕傲，如此才能讓世界重視台灣與台灣人的存在。

　　要讓世界認同並重視台灣的存在，必須先由生長在台灣這塊土地的全體人民共同努力。因此我們也希望能影響台灣的年輕人，甚至是二十歲以下新世代，激發他們對台灣的熱情與衝勁，從而投身發展「台灣主體性與台灣人意識」的台灣新文化，以確立新的價值觀，導引台灣人塑造不認輸的自信與自立精神的文化。

作者序

1972 年 2 月 21 日美國總統尼克森千里迢迢跑到中國，27 日發表「美、中上海公報」，美方慎重指出「海峽兩岸的中國人都說中國只有一個，台灣是中國的一部份」，對此美國政府不表示異議。尼克森並沒說錯，因為北京說「台灣是中國的一部份」，台北也說「大陸是中華民國的領土」，「一個中國」確實是北京與台北的共同語言。只是這一個共同語言卻誤導了友邦對台之認知，斷送了台灣在國際上之政治地位。

三十四年後的今天，北京與台灣又有了新的共同語言——「經濟一中」。北京推動的「以經促統」當然是「經濟一中」，妙的是台灣也高唱「經濟統合，共同市場」，一唱一和，「經濟一中」於焉又成為北京與台北雙方追求的目標。

推行最力的首推在野的國、親兩黨，他們在中國制定「侵台授權法案」（即反分裂國家法）後，接踵上京，展開「國共論壇」，大談經濟一中，回國即力推人民關係條例的修正案，主張明

定「中國已進入量產技術的產品或經營項目，不得列為禁止項目」，並提議發動「開放兩岸海空直航」公投，2008 大選總統候選人更明目張膽要求建立「兩岸共同市場」。執政的民進黨亦不惶多讓，2000 年執政後就大談「積極開放」、「經濟統合」。去年（2006）經續會政府提出的對進一步開放中國投資、經貿的各議題，字裡行間都已充分流露出對參與中國經建、經濟統合的殷殷期盼。經續會後，民進黨的一部分立委也參與泛藍放寬投資中國上限法案的連署，極力替「結合中國」的經濟政策辯護。我們從執政官員聽到的，若不是「直航是必走之路」、「開放勢在必行」，就是歌頌中國台商貢獻，肯定西進的一些官方談話。

歷史正在重演，近幾年朝野的共同語言「經濟一中」，顯然又在引導美國到另一錯誤的認知。日前美國在台協會台北辦事處處長楊甦棣在工商協進會大會中致詞指出：「改進台美貿易夥伴關係的一個重要途徑，就是台灣進一步開放和中國的經濟關係」。一葉知秋，美國在台協會對台灣經建前途的錯誤陳述應是一個開始，若台灣

目次

第4章　豈容商業利益箝緊台灣主權　303

第 1 章　勿成中國經濟的邊陲

台積電・台塑四寶・台灣中鋼

最近股市出現令人興奮的幾則消息。去年（2006年）台積電稅後盈餘達一千二百七十億元，每股盈餘四・九元，基此，台積電宣布每股將配發三元現金股利，預計將發放七百七十四億七千餘萬元，創下歷史紀錄。台積電是一家主要生產線在台灣的上市公司，他遵守政府政策，對中國之投資僅八吋廠一處，西移之技術亦止於〇・一八微米。但台積電並未因此綑死在台灣，反而因此大好，領先各同業，創造了輝煌的成績，股東、員工、台灣同受其惠。

另一則消息是台塑四寶今年首季亦揮出了紅不讓，稅後純益合計三〇九・二九億元，法人估算台塑四寶今年獲利將可挑戰一千六百八十億元，若能達成，平均每股稅後盈餘將達五・八九元，令人羨慕不已。不同於台積電的是，台塑集團對投資中國一向積極，如海滄計畫、漳州電

廠、寧波石化等等大投資，動輒數十億美元，但都因政府對中國投資之限制而功敗垂成，結果主要投資與生產線不得不留在台灣。王氏稱霸中國東亞之雄圖或許受到限制，但卻也免於躁進規模賽跑、價格競爭的殺戮戰場，因此今天得以收割耕耘台灣、投資台灣之龐大利益。

　　請不要以單純的投資來看台塑的海滄或梅山計畫，因為只要海滄成行，各石化大廠必跟進，台灣石化業之大舉登陸，亦必引發國際石油大亨對中國之大規模投資。當今的中國必早已是世界之石化中心，產業規模不及國際石油大亨的台塑即必因資金稀釋、精力分散，而陷入難以為繼的困境。同理，若無戒急用忍禁止了晶圓之登陸，若無 2002 年八吋晶圓登陸激烈的攻防，晶圓廠在中國亦必早已氾濫成災，步上 NB 電腦之後塵，整個晶圓代工業必已瀕臨虧損之邊緣，換言之，台積電之能每股配發三元現金股利，台塑四寶之能打出紅不讓，股價之能維持六、七十元高價，該感念的，除員工、客戶及台灣這一母親外，應是政府對中國投資的管理政策。

　　值得一提的是，許多「投資台灣優先，不去

中國」的台灣業界無不盈餘穩定，且都成為執世界牛耳的一流產業。當今台灣石化廠的獲利已是對岸所望塵莫及，沒有台商資金及技術挹注的中國石化業獲利情形即只能以慘字加以形容。相對於台塑每股盈餘五‧四元，中國具代表性的石化大廠中國中石化僅賺到〇‧六二元。

因「戒急用忍」而未去中國的台灣中鋼同樣獲利甚豐，2005 年的每股盈餘達四‧七八元，中國的寶鋼則僅獲利〇‧八元。日前在台積電二十週年慶會上，董事長張忠謀下了豪語說：「未來五到十年，台積電的年營收複合成長率將大於全球半導體業平均水準的五％到十％之間，穩居領先地位。」讚！這是令人興奮的一句話。台積電對中國之投資佈局不多，但他有信心。張忠謀之信心是「生產中心」在台灣的信心，是對台灣之信心，所以他成功。

筆者相信，親中學媒絕不會吞下這一事實，他們還是會硬拗的。但起碼事實告訴了我們說，台積電、中鋼、台塑四寶之成功，已足可證明統派學媒所言，「不去中國會死在台灣」是天大的誤謬！　　　　（自由時報　2007 年 5 月 15 日）

外國的月亮

儘管「社會正義」、「全民福祉」被喊得響徹雲霄，在自由化的全球資本主義社會，企業主往往是政府擬定經濟政策過程中，佔據較大影響力與發言權的一群，尤其台灣輿論的氛圍與內涵，長期受到以中國為思維中心的少數人及想透過中國實現商業利益的企業家所把持。本月21日經濟日報的頭版大標題「經濟大師席德蘭：兩岸貿易限制應移除」，就是一群人的「輿論圍攻法」，是他們藉2004年諾貝爾經濟學獎的光環，開論壇、拜會首長，企圖影響社會大眾、官員及我們總統的明顯例證。

請得起諾貝爾大師來台，當然不簡單，若大師之來台能增進國人對大師理論之了解，啟發「政策一致性」的重要性，那我們應該表示歡迎，並對出錢出力的人表示感謝。但若是其目的是用來影響決策者，來打開現已不很多的對中國

投資限制，則此舉就難脫「以商逼政」、「以經促統」的統派計謀。

筆者不反對「人民和企業自會判斷風險，政府不應對工商界限制太多」的純經濟論述（因為這也是筆者的基本思維），但並非沒有極限與條件。若此一論述可無極限的放諸四海，即巴塞爾的資本協定、銀行對單一企業授信之上限規定都將變成是錯誤的，企業上市的種種條件規範也都是多餘的；冷戰時期西方國家對蘇聯的各項禁運政策更是荒誕不經，亦無法合理解釋開發中國家何以需要政府對經貿的種種限制與保護。事實是限制最多、最不自由的中國經濟表現，反而比高自由度的國家好（其經濟自由度在一五七國家排名一一一，台灣為三十七，韓國四十五）。

其實席德蘭是了解理論的時空限制的，每次談話他都表明他不是兩岸三通問題的專家，不了解台灣，無法提出具體建議。他也承認真實世界不像是談理論這麼簡單，國內政策之制定要考慮外在環境的限制，包括其他國家的影響。是以，如果在「論壇」之前，我們能夠給席大師必要的中、台兩岸經貿政經背景，如台灣對中國之投資

金額占 GDP 之比已高到二至五％（依政府統計及實際估計金額），而美、日僅為萬分之三（美）至萬分之五（日）；台灣之出口對中國之依存度已高到四十一％；海外直接投資九十％集中在中國；中國又把一千枚飛彈對準台灣，去年還通過「對台動武授權法」，隨時都可以對台發動侵略戰爭；過去五十年台灣青少年（即現在二十歲至七十歲的人）自小就受中國中原思想之洗腦；中國經濟上又以「大國」之優勢採取「以經促統」、「以商逼政」之併台政策等等正確資訊，相信席大師在論壇上除強調「政府政策要前後一致」的重要性，持續堅持「自由貿易的理論」外，在兩岸經貿問題上說不定還會加上一句「就是說政策要有一致性，這是很重要的，如果台灣維持『三不』或『戒急用忍』或『積極管理』前後一致，台灣必獲人民信任，必已是年平均所得二萬五千美元的國家」（註：席氏是研究經濟政策的時間一致性以及景氣循環背後動力而得獎）。

　　希望台灣的領導者不要再被統派「以商逼政」的伎倆所誤，外國的月亮很亮，但台灣的上

個別企業 vs. 總體風險

前 立法委員林濁水先生在其「共同體」一書開門見山強烈批評中國人遠離中原就產生強烈的邊緣化焦慮（以下簡稱中原戀慕症），由此展開其對「亞太營運中心」及「大中華經濟圈」的批判，這一點，筆者與林委員沒什麼不同（請參閱拙著「中國之興衰」、「東方與西方」及「經濟百問」）。

後來林委員或許受個別產業之遊說影響，逐步遠離總體，聚精於個別產業、企業之問題，邏輯世界也為此出現龜裂。如，看到幾家台商回台，就認為「台商已完成現階段兩岸比較利益的佈局，開始回頭投資台灣」，顯已犯了以偏概全的毛病，基本上亦與林委員「中國人具強烈的中原戀慕症」的看法是矛盾的（矛盾的四），因為遠離中原就產生強烈邊緣化焦慮的個人及族群，一旦進入中原，應不會回到邊緣，即使有，回來

的仍遠不及流出的數額。

　　個別產業或企業問題之分析並不是不好，但往往會「見樹不見林」。如不三通，沒阻止甲公司廠房被中國磁吸，也不妨礙甲公司產品世界第一的競爭力，既然如此，為什麼非讓他們受苦？（共同體 p.117），這種說法就是個別之企業觀點；但對「直航會使更多的企業被中國所磁吸」（註：依陸委會研究報告會增加一・九倍）、「靠廉價勞工之經營模式會延緩企業研發創新的動力」（創新毀滅）等，影響國家競爭力的負面，就被忽略。

　　林文亦一再舉鴻海等一、兩家布局中國成功的企業為例，歌頌西進的功績。此種邏輯同樣犯了以個別企業判斷整體產業的誤謬，對我國「高科技附加價值率」為此自 2000 年的二十四・八％降至 2005 年的十六・九％，遠低於美、日、韓等「只利個體殘害全體」的可怕負面結果即予掩飾曚蔽，對成千上萬的企業也為此不得不西進或關門，幾十萬勞工流離失所等整體社會所受痛苦則視若無睹。

　　林委員反對「對中國投資累計金額不得逾公

司淨值百分之四十％」（以下簡稱四十％）之規
定，但我們應了解這是總體風險管理之設計，是
針對國家安全、企業安全的規範。至於林委員所
言，「水泥、玻璃、橡膠等企業已受到限制，晶
圓、資訊硬體業卻無」，係屬個別產業範疇，整
體與個體不宜混淆，舉例說，「銀行對一家企業
信用放款不得逾銀行淨值五％」之規定，是對整
體的規範，此規範對資產雄厚的企業幾無影響，
但對需要很多周轉資金的產業卻受到限制，我們
自不宜以個體來反對此一規範。

　　說一句老實話，若一則限制規定對所有領域
都不痛不癢，則此規定必定是不切實際的錯誤規
定，但如對某些領域產生了某種限制，則應慶幸
此規定發揮了其存在的價值。水泥、玻璃等產業
因四十％而受到限制，正證明此規定確已發揮了
其應有功能。

　　筆者也不能全然接受西進廠商「零件全部都
在那邊，我不過去怎跟人家競爭？」的說法（見
1月5日林文「三個錯誤的刻板印象」），因為，
即使「零件是在台灣，組裝是在中國」，他們也
會說「組裝在那邊，我不過去，要我死在台

西進神話

中國「併台超限戰」最成功的一環，莫過於透過媒體對西進之神化。從「神州」、「天府」開始，他們就是以「資源整合」、「互惠雙贏」、「兩岸分工」、「生產中國、運籌台灣」、「微笑曲線」、「品牌行銷」等，一連串的歪理、謬論極盡美化西進，並以「中國崛起」、「國際經濟長河」、「兩岸新思維」、「莫之能禦」等新詞步步予以神化。親中學者即在中國神工鬼斧，無所不在的超限戰術中，如吃上了鴉片，不能自拔地跟者起舞。

此次行政院在北、高市長選後以迅雷不及掩耳之速度，開放半導體八吋晶圓廠投資中國，並將〇‧一八微米製程登陸予以放行，顯然就是受到此種「廠商西進莫之能禦」的超限戰術之影響。對此統派媒體當然要大加讚賞，幕後的推動者也要在第一時間美化開放的決定，他們說「開

放○‧一八製程登陸，有助於提升半導體廠商大陸投資事業之競爭力」、「目前台灣已有十座十二吋廠，商階製程遠遠領先中國」、「2004年底瓦聖那公約亦已開放○‧一八微米製程投資大陸」，所以「放寬政策不會出現縮小兩岸廠商競爭力差距問題」。

乍看之下，西進論者言之成理，但若囫圇吞棗接受其論調，即無異再度踏入過去「上游在台、下游中國，資源整合、垂直分工」、「高階在台、低階技術可以西進」的理論陷阱。

「廠商登陸可以整合資源，使企業更具競爭力」是 1990 年代傳統及家電產業開始西進時說的；「低技術的到中國，高層次的留在台灣」也是電腦產業零件外移中國時理直氣壯的說法。結果如何？十五年的西進，後果歷歷在目，傳統產業、家電業風消雲散，電腦業、NB 生產線一條不留，台灣的經濟主體性就一次再一次地被神化的西進魔笛所催眠、沉淪，「戒急用忍」、「積極管理」在官員的歪理下都只成毫無實質的口號。

歷史又在重演，我們實無法理解經濟官員

「只要我們（台灣）的技術領先，只要瓦聖那公約可以，我們就應開放」的理論邏輯，忘掉了中國正以近千枚飛彈對準我們的事實，也忘了中國是正在全力輔助半導體業以取代台灣為國策的國家。1990 年代中國想要傳統產業來幫助他們出口，台灣迅速給了他；2000 年後他們要 IT 產業，我們也毫不吝嗇地開放電腦，NB 登陸，讓中國成為兼具高科技的製造王國，替中國賺進一兆美元財富（外匯存底）；當今中國的新五年計畫就是要晶圓，正當中國晶圓製造為良率不高而焦頭爛額之時，台灣政府似乎又要慷慨地奉送他們「台灣經十幾年才累積成功的○‧一八製程生產管理技術」，台灣○‧一八製程的良率高達九十％，這一生產管理技術才是他們朝夕垂涎的東西。

請主張西進的先知不要再誇言說，台灣十二吋晶圓廠已有十座，或說資本支出還在成長，因為這是 2001 年至 2002 年間被你們視為「固執不化」的本土學者、立委及台聯力爭擋下晶圓西進的結果。飲水思源，今天台灣在晶圓產業仍能佔據世界第一，得感謝這些被你們視為「眼光狹

爾必達與張忠謀

本月 7 日力晶與日本記憶體大廠爾必達（Eplida）共同宣布，將在台合資興建四座十二吋晶圓廠，總投資金額高達新台幣四千五百億元；這是繼渣打銀行、凱雷國際私募基金砸大錢併購台灣新竹商銀及日月光後，外資對台展現信心的另一大動作。

日本爾必達捨中國就台灣的決定，若依「唯中國論」者之邏輯，應是「日本自外於崛起的中國」，是一種「鎖國」行為（指鎖在太平洋島國）。問題是，爾必達怎麼會棄中國的中芯，而移情台灣的力晶呢？力晶之爭取當然功不可沒，但台灣在半導體產業方面具遠比中國為優的群聚利基，應是因素之一。晶圓泰斗台積電的張忠謀董事長在公開場合亦指出：「若群聚效應能持續發酵下去，相信會有更多科技大廠繼續在台投資」。可見爾必達之選擇台灣，與台灣之晶圓群

聚有極大關係，且應是關鍵因素。

依經濟部工業局之調查，我國目前已有十座十二吋晶圓廠進入量產，八座尚在建置中，再加上規劃中的八座，我國在建置十二吋晶圓廠的規模已經超越了美、日、韓，穩居全球首位（2006年6月），晶圓代工業的產值在全球占有率為六十九‧二％。相對之下，落腳於中國的十二吋晶圓廠開工者只一家，加上建置規劃中的也不過五座（2005年）。換言之，儘管中國政府努力了十五年，提供了優渥的設廠及稅負的條件，中國的半導體產業到現在為止只具雛形，若不是中芯、和艦等之偷跑，帶去技術與管理，說句「連影子都沒有」亦不為過。

中國半導體王國夢之遲遲無法實現，實與戒急用忍及 2001 年晶圓登陸之攻防有關。1990 年代，晶圓被列為禁止類項目。投資金額之限制也阻斷了對中國大型而資本密集型的投資，中國為此空轉了十年。但中國政府並不氣餒，2000 年台灣政權輪替後，北京聯合了台商、統派媒體，以排山倒海之勢要求「開放晶圓登陸」，政府亦應允積極規劃鬆綁，激起了「晶圓登陸應否放行」

之大攻防，最後在本土學者及台聯堅持下，「十二吋廠必須量產」成為登陸的首要條件，我國的晶圓產業也不因統派媒體惡意指稱的「鎖國」而「斷鏈、衰竭」，反而從此激起了一股興建十二吋廠的熱潮，進而衍生今日爾必達在台灣四千五百億元的大投資。五年的歲月過去了，若當時沒有本土學者及台聯之奔走與吶喊力阻，中國之晶圓廠（八吋）將因台灣之投資如雨後春筍，八吋之後必有十二吋（如中芯），擁有十座十二吋晶圓廠的將是中國，而不是台灣。台灣當然就留不住封裝與測試，整個竹科、南科必因此敗柳殘花。換言之，台灣半導體之有今日盛景，爾必達之會落腳台灣，1990 年代之戒急用忍及 2002 年晶圓登陸之攻防，居功至偉。

　　據報，政府將於北、高市長選舉後開放〇·一八微米製程登陸投資，我們認為此舉是昧於歷史實證的做法，短期或可滿足廠商之慾求，但長期言只會加速中國半導體產業之發展，發揮其群聚效應，連帶增加周邊產業如封裝、測試登陸之需求；終結台灣晶圓之群聚生態，絕對不利於已在台投資之廠商。請政府務必飲水思源，不要再

被西進派炒熱的論述——品牌

「品牌」在台灣幾已是一門顯學，「邁向國際，發展品牌」不僅是西進派學者所倡言，政府官員也趨之若鶩，好似不談「品牌」，就不足以展示其前瞻性，經續會還特地把它納入作為三B經建（Bridge、Brain、Brand）積極追求之價值。

台灣欠缺品牌嗎？其實很多。出色的學校如「台大」是品牌，比人家好喝的「台灣啤酒」是品牌，製造業的「大同」、「聲寶」也都是品牌，可見品牌在台灣到處都有，並非高不可攀，只是它是經營的結果，而非經營的目的。是則，「品牌」應該只有建立的問題，只要一點一滴，努力經營、投資、研發、升級，讓產出的製品高人一等，人人愛用，市場擴及全球，自有全球的品牌。Toyota、Sony、Coca-cloa、IBM，那一個不是這樣建立的？

　　既然如此，為什麼這些學者、官員面對國際
化，提高國際競爭力時，總是不談「投資」，不
談「研發」，不談「升級」，而大談「品牌」，
宛如「品牌」才是克服當今台灣經濟企業經營的
不二法門？歸根究柢，盤根於他們心靈深處的中
國情結，亦即「中國經濟觀」是癥結所在。因為
「品牌」隱含了「市場」，品牌本身代表了廣大
市場之接受度，由此可連結到他們心靈中的另一
廣大市場——中國，符合他們西進的欲求，促進
「兩岸經濟統合」的終極目標。

　　最近幾年，台灣為要邁向國際，視品牌為價
值本身，藉由併購來速成，就是錯把品牌作為經
營目的的結果，自不可避免面臨失敗。明碁併購
西門子手機就是實例，對「唯品牌論」者自是當
頭棒喝。這二百五十億元的教訓實在花得冤枉，
應該可以說是受西進論者所玩弄、誤導的代價，
也給德國人看破手腳，暴露了台灣廠商炒短線吃
軟飯的缺點。建立品牌絕不能一廂情願，它是經
營成功的結晶，成功即來，失敗則去，如今日
Sony因近年迷於財務槓桿，疏於研發，品牌為此
大為褪色。說老實話，世上追求「時髦的理論」

而傾家盪產者不知凡幾。

品牌論者辯解說，這是台灣廠商品牌管理能力不足。問題是品牌需要管理嗎？這只是一種遁詞，顛倒了本末，該管理的是技術，是品質。比人高一等的技術，更為優良的品質是品牌的靈魂，而這一些高人一等的技術，只有在自己的國家持續投資、製造、研發方能獲得。

希望我們的官員及企業快快清醒，不要再被「西進論者」所愚弄。品牌不應該是政策追求的目標，品牌是持續在自己國家投資、研發、升級後自然會結下的果實。

（自由時報　2006 年 11 月 14 日）

四十％上限之攻防

「世上一切沒有什麼不能成為武器」是「超限兵法」的理論精華，經濟戰因之順理成章就是中國超限戰的一環，也是中國共產政權做得淋漓盡致，最為成功的戰線。尤其對台灣戰果最豐，它充分利用了它「地大人多」的先天優勢，高舉歐、美的國際化、自由化，一舉從台灣吸走三千多億美元（約十兆新台幣）的生產性資金及其附帶的技術、市場與人才。控制台灣言論的台灣傾中媒體，也在這一經濟戰役中扮演了重要的催生、誘導角色。

不過長達十餘年的對台經濟戰（以經促統）亦非一帆風順。1996 年的「戒急用忍」及 2002年的「八吋晶圓之攻防」都使中國「以經併台」的經濟戰受到中挫。今年西進派細心規劃的「經續會」，也同樣受到台灣主體力量的反撲而功敗垂成。當然北京不會就此罷休，由於「解除投資

中國四十％淨值上限」是北京要吸乾台灣生產性
資金的重要一環，當此案在經續會鎩羽後，如何
讓台灣政府「超越經續會共識，由行政單位負全
責推行」，就成為中國超限戰的另一使命，而首
要工作，就是如何將台灣主體勢力在經續會的努
力予以污名化，讓其失去正當性。

　　第一個被看中的是在台外商，就在經續會後
的第六天，前美國在台協會台北辦事處處長包道
格即在美國的一場演講中抨擊我國的「鎖國」政
策，同時放出「解除兩岸經貿投資和通航限制，
係與美國簽署自由貿易協定（FTA）的條件」的
美商基本立場，開啟了超限戰四十％戰線的序
幕。大家都了解，在台美、歐商界畢竟是商人，
以商言商，與台商沆瀣一氣是商之必然，不足為
奇。

　　9月4日，各報同時刊出美國商會在會刊中
嚴厲批評前總統李登輝及台聯的言論。9月6日，
此地工商時報繼之以第一版的特大標題報導「旺
旺集團在台大減資」的消息，並在第二版詳述企
業「易母為子」、擁抱中國的心歷路程，當然最
後還是要意有所指地將旺旺之決定歸罪於政府四

十％投資上限規定。次日，親中媒體又大幅報導並警告政府「台股明年將引爆下市潮」，揚稱多位律師已接到多件上、市櫃企業委託，研究從台股下市轉赴海外上市的可行性。當然結論就是，「淨值四十％上限投資中國限制若不取消，股市必日趨委靡，經濟加速邊緣化！」同一時間他們也跑到中國調查中國台商的投資傾向，說只有一·九七％的台商願意回台，並將其與四十％限制牽連在一起，作為台商在中國擴大投資的理由。可見，這一幕的超限戰是有計畫的、有組織的，而且是密集的。

有效嗎？據報導，為此行政院將責成經濟部調查受四十％上限影響的企業有多少，了解是否會因此引爆下市潮。行政院若真有此意圖，又將是一樁民進黨政府看報治國的可笑例證（註：民進黨政府一向均看報治國，聽從商賈之言，不然我國資訊硬體在中國生產比重也不會自 2000 年的三十一·三％上升到 2005 年的九十三％，失業人口、自殺事件也不會那麼多，凱道紅潮亦不致發生）。

看來中國之超限戰透過我方之親中媒體及顧

頂的官員，好像又要發揮功效了。

（自由時報　2006 年 9 月 19 日）

台灣澎湖化已是現在進行式(一)

台灣會不會因與中國之經濟結合而被澎湖化（以下簡稱澎湖化）？對此本月2日某報特以社論回應說：「別說笑了」。筆者認為該報的反應是正常的，因為對那些一心一意想以「積極交流、經濟統合」達成「終極統一」的親中人士言，承認它（即台灣會因與中國之往來而逐步被邊陲化），無異自我否定了積極交流之正當性，同時也暴露出其陰謀。

但事實擺在眼前，1990年自政府開放對中國之投資後已有十六年之經驗了。若與中國更密切的結合有利於台灣，則此十六年間台灣經濟之表現應會比過去（1950至1989年）好許多（因享有他們所言的資源整合、垂直分工而互蒙其利），也必定更為領先「投資中國、利用中國資源遠比台灣少」的鄰近國家。實踐的結果恰恰相反，1980年代我國的平均經濟成長率為八·一

％，但 1990 年代縮減至六・四％，2000 年後的積極開放又使平均成長再縮減至三・五％，比韓國的五・一七％低，甚至過去領先韓國許多的國民每人平均國內生產毛額（GDP）也被韓國所超越。值得注意的是，韓國對中國之投資累計至2005 年僅為一百三十七億美元，同一期間台灣為四百七十三億美元（經濟部統計數），市面估計已超過三千億美元。奇怪，韓國的政爭比我國多（如全斗煥判罪、盧泰愚繫獄、現任總統盧武鉉被彈劾等），工潮也比我國烈，我國經濟表現怎會比韓國差？顯然這是因為台灣過度與中國之結合而被「澎湖化」。換言之，台灣之被澎湖化已不是會不會的問題，而是現在進行式。

　　什麼是澎湖化（註：在本文，與邊陲化是同義語）？澎湖化（邊陲化）是小經濟體與大經濟體作經濟交流之後，小經濟體之資金、人才、技術逐漸被吸引至大經濟體之經濟中樞，致小經濟體之經濟活動相對遲緩，經、政地位逐漸式微，終成為邊陲之謂。交通越方便，交往越密切，大經濟體吸納小經濟體之力道即越強（詳細請參閱7 月 13 日自由廣場「誰在終結台灣」）。過去四

小龍龍首之台灣，自從與中國開始作密切經濟統合之後，掉落至龍尾，就是台灣澎湖化現象的明顯例證。邊陲化並不表示不會成長，澎湖在過去三十年間也出現不少十層大樓，市面建築與過去不可同日而語，但其發展遠不如台灣是事實。

是以台灣若想恢復過去四小龍龍首之地位，或想要大幅提高我國人民的收入（註：過去六年我國數百萬薪資階級的實質經常性薪資成長有限，甚至是負成長），如何有效降低資金、人才之外流中國，是絕不能迴避的政策選擇。

有人說：「今天的台灣之於大陸，遠非澎湖之於台灣所可比擬，台灣在每一方面都領先大陸」，意即不要太小看台灣。筆者也希望台灣絕非澎湖之所可比擬，但大家也要務實面對已發生的事實，即台灣那幾近瘋狂的二千八百一十億美元對中國投資（依美國國會一份報告），及其所帶來的國內投資不足、失業及那些被卡債逼死的卡奴，你能視而不見嗎？你說，「只要直航，只要台灣像香港一樣對中國開放，台灣就會起死回生」？別說笑了，「脫了外衣感覺寒冷（即開放投資中國後國內投資不足）是因為脫得不夠（即

不夠開放），只要全裸就不會顫抖（即對中國全
開經濟就會好）」？不要再瘋人說夢了，脫光了
不會凍死才怪哩。

（自由時報　2006 年 8 月 15 日）

台灣澎湖化已是現在進行式(二)

從鄭天佐院士與葉萬安前副主委論辯說起

日前中央研究院鄭天佐院士在聯合報刊了一篇讜言，說：「現今台灣國民所得為中國的約二十倍，但人口則只有五十分之一，如果兩岸直航，經貿毫無管制，兩岸國民所得很快會拉平」。對此，經建會葉萬安前副主委持不同意見，並舉新加坡之例予以駁斥，認為：「新加坡過去六年對中國投資高占其 GDP 之二‧二％，遠比台灣之一‧四％高，但未聞被邊陲化，其平均每年經濟成長率五％，台灣只三‧六％，1988 年政府開放赴中國探親以來至 2000 年政黨輪替，台灣的每人所得平均每年增加八‧一％，未發生急速下降現象，可見事在人為，非關兩岸經貿之開放」。一向主張大膽西進的經建會前副主委出面捍衛其政策是人之常情，但卻有幾點盲點亟需加以澄清，以免誤導。

第一，副主委所舉「新加坡近六年對中國投資高占其GDP二‧二％」是很有爭議的。我們不能以維京（Virgin Island）之對外投資占維京GDP之比，來衡量其對維京國內經濟之影響，同理，「準租稅天堂型」的城市國家──新加坡，對中國之投資亦具有很大的虛偽性，因為其中很多是台資的化身，貿然以此與台灣比，必產生很大的扭曲，何況台灣對中國之投資占GDP之實際數遠比一‧四％為高。

其次，該文「1988年台灣開放赴中國探親以來，台灣的每人所得快速上升，至2000年政黨輪替，平均每年增幅八‧一％，並未發生急速下降」的陳述亦有避重就輕之嫌。事實是，台灣未與中國經貿往來前的1970年代，每人GDP之增幅為十六‧四％，1980年代為十五‧三％，1990年開放對中國投資後急遽下跌，1990年代為六‧八％，僅及未開放前的四十％，由龍頭跑到龍尾，2000年積極開放後更是跌至二‧〇四％。台灣經濟之邊陲化還不明顯嗎？

葉前副主委對「產業外移」之認知，也是帶領台灣迅速澎湖化的關鍵因素。「產業外移」顧

名思義是移到「外國」，為此產生邊陲化之可能性不是沒有，但不顯著，也不嚴重（因有語言不通、文化不同等先天障礙之阻隔）。但其移動若產生在近距的同文化、同語言之間或被其國內化，即此種移動，必然會產生小經濟體之一方被大經濟體所吸納而邊陲化之現象。葉前副主委在整篇陳述中將中國稱為「大陸」，即已表示台灣企業到「大陸」係屬國內移動，經建會的各種統計表格亦都將中國列為「大陸」。帶頭的政府如此，企業當然會以中國為國內，視落根、技術移轉、市場之讓渡為當然，對投資台灣之執著即相對薄弱，這才是台灣近十六年來與中國經貿交流過程中，迅速超越「產業外移」之應有節制，演變成「經濟統合」、「台灣澎湖化」的主要因素。

顯然，鄭天佐院士對「兩岸直航三通、經貿毫無管制，台灣平均國民所得會急速下降」之焦慮，是有其根據的。當今台灣之還能享有三％至四％的經濟成長，薪資所得雖未成長但還能維持過去水準，說一句不客氣的話，靠的是對中國投資還有四十％上限規定及一些禁止類的限制與暫

不直航的國家政策。我們還不感謝這些管制規定嗎？

（自由時報　2006 年 8 月 22 日）

台灣澎湖化已是現在進行式㈡

全球加值服務中心？
爲什麼不是全球加值製造中心？

「澎湖化」與「邊陲化」是同義語，在本系列以「澎湖化」做為標題，是因為澎湖是台灣史上，大、小經濟體的結合過程中，小經濟體被大經濟體所吸納而邊陲化的絕好例證。

澎湖早於台灣就接觸到漢文明，1603 年荷蘭佔領澎湖，引來明朝廷之干預，最後與明簽訂合約，棄澎湖轉進台灣，可見澎湖當時對西方及明朝之重要性均高於台灣，1683 年施琅攻佔澎湖，結合了台、澎，從此澎湖日趨式微。

邊陲化的例證，也發生在澎湖列島本身。為了開發澎湖第二大島西嶼所興建的跨海大橋，開通後，人口由當時 1970 年的一萬三千三百三十五人，腰斬至當今的七千多人。為了發展澎湖而開航的澎、台航線，同樣不但未使澎湖的產業飛

揚，人口卻逐年減少，現在只剩九萬多人。當今的澎湖縣政府日夜談論的，已不是如何振興產業，而是如何開發觀光資源及如何成為兩岸經貿的橋樑。換言之，當一個經濟體演變到「寄望於觀光」或「橋樑」時，就足以表示這一經濟體已是被邊陲化了。

香港也是被中國吸納的小經濟體，九七後經濟上與中國做更密切的結合，結果生產工廠絕跡，百業蕭條，最近二年香港之所以能鹹魚翻身，靠的是中國這一大經濟體的憐憫，送來成千上萬觀光客與北京給予的 CEPA 特權。現在的香港必須依靠中國給予的特權及觀光客才能維持繁榮。我們亦可將其稱為「香港化」。

最近台灣也出現同樣的論調，且漸成為民進黨政府的經建思維主流。此次「經續會」標榜的是「永續」，但談的是如何提升服務業的比重，如何發展觀光，如何作為世界（實則中國）之橋樑（Bridge），即「全球加值服務中心」。為什麼不是「全球加值製造中心」呢？顯然當今政府官員的思維已漸向香港模式靠攏，要把台灣變成第二個香港，這也是李前總統指責「蘇修路線」

是「終極統一路線」的真意所在。

台灣與中國經濟密切結合的邊陲後果，亦可以由服務業找到答案。2003年台灣服務業產值占GDP之比重高達六十七％，幾可與日本之六十八％及英國之六十九％並駕齊驅。但這絕非是可喜的信息，我們必須認清2003年台灣每人平均GDP只是一萬三千二百五十四美元，尚不及日本三萬三千七百零五美元的二分之一，而與韓國的一萬二千七百一十美元相埒。但韓國當年服務業產值占GDP之比僅及五十五％，遠低於台灣，工業產值則仍維持四十一％，遠高於台灣的三十一％。我國工業產值比的快速下降，表示了台灣被中國磁吸的殘酷事實。

依主計處之統計，台灣服務業產值之比重去年已上升至七十三‧五六％，比重之異常上升，正告訴了我們，台灣經濟被邊陲化的程度，實已遠比我們所想像的更為深刻。相反地，韓國工業產值比之能維持高檔，服務業產值比之能比台灣低，正體現了韓國經濟之方興未艾，其發展階段仍處於青年期的事實。我國則未老先衰，也是最近幾年韓國在每人平均GDP能快速超越台灣之主

要因素。顯然台灣之澎湖化已不再是會不會的問
題，而是現在進行式！

（自由時報　2006 年 8 月 29 日）

台灣澎湖化已是現在進行式㈣

為蘇揆剖析「三蘭」神話之荒謬

經常喜歡與香港、新加坡等非國家或城市經濟來指鹿為馬，要求台灣對中國全面開放的西進親中派，最近的新題材就是愛爾蘭、芬蘭及荷蘭。統派媒體不惜血本，花了很大篇幅一系列介紹「三蘭」的成功史。

乍看之下，愛爾蘭、芬蘭、荷蘭均非如香港、新加坡的城市經濟體，其土地與人口較具與台灣相提並論之條件，因之「若愛爾蘭能、芬蘭能，我們為什麼不能？」就成為親中西進論者的新論述。由於表面上看頗符經驗邏輯，蘇內閣在經續會開會過程中亦大力推薦此「三蘭」經驗，作為對中國「自信開放」的理論依據。不過只要稍具歐盟常識的人，應不難發現「三蘭論述」的主、客觀條件完全不存在於台灣。

一、歐盟成立的「前提」是歐盟各國均屬

「主權獨立」的國家，並獲歐盟各國所承認及尊重。但台灣之主權卻被中國所否定。

　　第二、歐盟之所以能讓大小國家並行存在，是因歐盟有德、義、法、西等大國互為制衡，使小國有遊走之空間。兩岸的大小懸殊，立足點完全不均衡，只會產生大吃小的結局，小經濟體終成為大經濟體之衛星國家（即邊陲化）。

　　第三、「三蘭」都具有強烈的國家意識。以愛爾蘭為例，北愛爾蘭共和軍面對強大英軍打了幾十年內戰，芬蘭亦為了國家之獨立驍勇善戰，抵抗了蘇聯數年，此種國家及國民，不會輕易為了商利而被邊陲化。而台灣國家認同問題尚未解決，這是台灣會迅速被中國邊陲化的主要因素之一。

　　第四、「三蘭」因均具不同語文、宗教，形成了一層自然的隔膜，阻擋經濟體間的磁吸力量。台灣卻無此自然屏障。

　　顯然，歐盟模式的各主、客觀條件在兩岸之間完全不存在，「三蘭」經驗自無法移植於台灣。泛藍及傾中媒體之會鼓動它是可理解的，但為何蘇內閣也會趨之若鶩？或許是對總體經濟一

知半解，不然就是「身不由己」，而後者的可能
性最大。

　　三千億美元之對中國投資，事實上已占我國
去年國內總生產（GDP）三千四百六十億美元之
八十六％（韓國只占一・七％，日本更低至約一
％），企業之利益可以說幾已被綁在北京之手
（還好銀行資產尚未被綁住，若銀行再登陸，情
況更不可收拾）。在此種高依存度之情況下，台
灣政府能自己決定者實已不多，這也是美國哈佛
大學柯比教授所言「台灣已落入北京的控制，它
還能控制的幾件事情之一，就是決定怎樣對中國
開放」的真意所在。

　　台灣對中國之依存度年年攀高，經濟成長的
動力則年年減少，資金、人才之被吸納幾已無法
停止，對此，台灣政府似已是「身不由己」，台
灣之澎湖化已不是會不會的問題，而是現在進行
式，而且似在加速之中。（系列完）

　　　　　　　　　（自由時報　2006 年 9 月 5 日）

另一場經濟浩劫即將開始

2001 年 8 月 26 日官商主導的「經發會」將「積極開放」的政策予以定調，當天政府官員、企業無不興高采烈，向「基本教義派」說了一句 Bye Bye。不久政府就一舉開放了包括筆記型電腦等七千多項產品赴中國投資，他們認為台灣的經濟從此將步上坦途，榮景可期。

六年過去了，累計這六年，投審會核准對中國投資的金額達到 1991 年至 1999 年 9 年間核准金額的二‧四倍，去年超過七成的海外投資都到中國（六年前為三十三％），「積極開放」是做到了，但台灣的經濟卻從此失去了動力，六年的平均每年經濟成長率僅三‧六％，落後於韓國的五‧二％（以前台灣優於韓國），2005 年每人的 GDP 一萬五千二百七十一美元，僅比 2000 年的一萬四千四百二十六增加八百四十五美元，同期間韓國增加五千五百三十八美元，達一萬六千四

百二十二美元,增加額幾近台灣的七倍。為什麼?因為台灣的企業都到中國複製台灣的過去(註:韓國對中國投資僅及我國的十分之一),忽略了對台灣之投資,亦怠慢了研發、創新與轉型,競爭力自然無法真正提升。關廠當然帶來了失業,失業壓制了薪資,使得我國經常性薪資連續三年呈現負成長,失業也帶來卡奴,卡奴創造了自殺,依衛生署統計,去年的自殺率與 2000 年相比增高了六十八‧八%,顯然這是一場浩劫。

可是民進黨政府似乎仍未能從過去的失策得到教訓,6 月又搬出了「台灣經濟永續發展會議」,從議題之設定、代表之選派、說帖及建議方案,自始就是以滿足企業西進之訴求為目的,欲藉經續會之背書予以正當化。所幸在包括台聯立委及許多代表鍥而不捨地堅持下,若干西進主張未能明目張膽地全部過關,但不幸又在全體會議中強行列為其他意見,作為行政院往後推動的依據。看來台商回國上市(透過國際版)、四十%投資中國上限、銀行業登陸及參股、變相直航等,將來都會在民進黨政權主導下逐步推動。

經續會後台灣會起死回生嗎?「經發會帶來

六年的浩劫是因為開放不夠徹底，再一次大膽開放，就會使台灣經濟如一條活龍」的傾中統派理論，若民進黨政府真要將其奉為圭臬，那就快點實施吧！終極統一目標之達成，是無需太長的時間的（註：當然我們仍希望政府能懸崖勒馬）。

　　四十％上限之解除將會使我國明、後年的國內投資率再掉下一至二％；台商回國上市必將使我國股市的本益比進一步降低，降低資本市場籌資的功能；幾年之後，那些回台上市公司的五鬼搬運戲碼開始上演（因中國之資訊不明），散戶及大眾之儲蓄，將被這些台商一刮而盡；銀行登陸或可增加銀行之海外利潤，但國內授信即必相對被排擠，進一步迫使企業外移；直航或許提升對岸在台觀光、購屋之興趣，但賣台房地轉向大陸沿海之誘因也將大幅提升，台北地區房地產價格必因此呈緩慢下落之局；政府稅收嚴重不足，但稅源（企業）都已遠颺（大部分資產已在中國），什麼「加值服務島」，將只是海市蜃樓（因為國內投資嚴重不足），到 2015 年，台灣將得依靠中國沿海地區幹活的台勞匯款生活。倒楣的是，到時那些統派學者還會反噬說：「就是因

「積極開放」與
「制憲、正名」絕不兩立

群策會 16 日舉行「台灣經濟戰略與經續會群策論壇」，對經續會的「包機直航常態化」、「放寬赴中國投資四十％上限」及「本國銀行登陸」等開放政策表達深層的關切與質疑。正如與會者所言，從經續會的召開過程、議題之設定及其所準備的說帖，若依其「建議方案」，百分之百是 2001 年的經發會翻版，是政府欲藉體制外會議合理化其違反國家利益與公共安全的行為，以滿足資本家的訴求。

2001 年經發會的「積極開放」確實滿足了企業界西進的要求，但卻肥了中國，瘦了台灣，高階筆記型電腦在內的大開放，使中國在不到五年期間，由沒沒無聞的 IT 小國一躍成為世界第二的 IT 硬體生產王國，種下當今我國外交處境幾無盤旋空間的困境，台灣國內投資、生產、僱傭亦為

之減少，股市有氣無力，當韓國股市屢破歷史新高之時，台灣股市仍然在歷史低點徘徊，散戶無不鎩羽，哀鴻遍野，更嚴重的是「積極開放」所導致的「經濟統合」使中國意識高漲，本土意識即明顯退潮（註：可稱為政治面的邊陲化現象）。我們不得不為經續會之後果，也為台灣之將來擔憂。

當然民進黨也有民進黨的看法。他們說：「我們不能自外於崛起中的中國；我們也要對自己的人民有信心；政治歸政治，經濟歸經濟，大膽西進與（台灣）主權獨立並行不悖，台灣可以成為世界的橋樑（Bridge）」，但他們似乎忘了中國是處心積慮要併吞台灣的敵人，也忘了中國的土地是台灣的二百六十七倍大小懸殊之事實，他們亦有意忽視沒有製造、生產伴隨的運籌、服務中心只能在人家的憐憫（mercy）下生存的殘酷現實。政策的取捨開始或許總有爭執，而爭執的解決最後還得靠實踐。民進黨「積極開放」政策已實踐六年了，台灣對中國之投資已比其他任何國家多，占海外投資之比率也由三十三‧九％躍升至去年的七十一‧五％，出口依存度由二成半

提高至今年上半年的四成，但我國的經濟成長卻
因此腰斬，受僱人員薪資成長不足一％，這就是
「我們不能自外於中國」的成果。我們雖然對人
民有信心，但人在屋簷下，不得不低頭，許文龍
案就是前車之鑑，北京是不吃「經濟歸經濟」這
套大道理的，為此藍營的政治版圖持續擴張，綠
營近二年選舉即節節敗退，本土勢力的日趨委靡
與「積極開放，廠商西進」有莫大關聯。

　　中國共產黨是鬥爭起家的政權，「以商逼
政」、「以經促統」就是對台統戰之一環。換言
之，面對極權的中國，民進黨所揭櫫的「大膽西
進，經濟統合」與「主權獨立，正名、制憲」充
滿了矛盾，是絕不兩立的國家方向，人民因此找
不到方向，台灣亦因此看不到前景，如果執迷不
悟地繼續走下去，最後只有自縛就範，使中國之
野心得逞。切記吧！對中國之開放不僅是邊陲化
之路而已，也是自我毀滅，終極統一之路，「制
憲、正名」只是喊爽而已！

（自由時報　2006 年 7 月 20 日）

誰在終結台灣

如果台灣的人口不是二千三百萬，而是二億三千萬，而台灣的土地不是三萬六千平方公里，而是三百六十萬平方公里，即筆者在兩岸經濟交流的問題上，絕對會舉雙手贊成「大膽西進、積極開放」的。但很不幸，我們必須務實面對事實。因為事實是台灣人口只有中國之五十六分之一，土地為二百六十七分之一。

巧的是，「澎湖與台灣」之大小比，恰好與「台灣與中國」之比相同。澎湖土地為台灣之二百八十三分之一，人口在 1940 年代初約為台灣之四十六之一。由於澎湖與台灣隔著一條海溝，坐船需八小時，因之改善台、澎交通，建設澎湖，一直是地方選舉熱門的話題。民國 66 年，澎湖終於有了馬公航空站，直飛台北只需半個多小時，大家都認為澎湖之發展可期，什麼魚貨中心、會議中心、觀光勝地都一一浮上檯面。但事與願

違，台灣對澎湖之磁吸因直航而加速，二十幾年後澎湖人口由十二萬人減少為當今的九萬人，同一時間台灣的人口增加了一千萬人，所得差距也越拉越大，這就是所謂的「邊陲化」。

能使澎湖邊陲化的，除大、小懸殊外，人、錢、貨之自由流動，語言、文化相同也是重要因素，也就是說，一大一小之經濟體，若相距不遠，語言相同，即小經濟體之人才、資金會被磁吸流向大經濟體，交通越方便，結合越緊密，被磁吸之速度即越快，最終成為大經濟體之邊陲。當然，澎湖之邊陲化本就不是問題，因為澎湖與台灣同屬一個國家，邊陲的澎湖對台灣還是有其貢獻的（起碼貢獻了人才，吃澎湖飯，長大到台灣）。

能發生於台、澎之間的，當然也會發生在同樣大小比的中、台之間。2000 年民進黨政府執政，對中國之經貿一開始就採取「開放」政策，經發會「積極開放」予以定調，六年下來，兩岸經貿關係確有長足進展，超過九成的海外投資已都到中國（六年前為三十三％），出口依存度今年上半年已達四成（六年前二成半），去年國人

到中國旅遊人數亦達四百一十一萬人次，但同一時間我國經濟成長率卻腰斬（依他們說法應倍增），受雇人員薪資成長不足一％，股市由一萬點之水準下跌後一直徘徊在六、七千點之間，有氣無力，「台灣逐漸被邊陲化」的象徵已至為明顯。

問題是，澎湖可以邊陲化，但台灣是主權國家，若被中國邊陲化，立刻產生生存的危機。可是真是悲哀，執政的民進黨還是執迷不悟，6月又帶頭召開「經濟永續發展會議」，結合了台商與統派智庫，再一次地高舉「開放」的大旗，美其名曰「全球的橋樑」（Global Bridge），主張對中國作全面性的開放，包括人、貨直航，銀行業登陸，取消投資中國四十％限制，處心積慮以台灣作為全球市場連結至中國的跳板及門戶。

換言之，民進黨往後的政策將是過去「積極開放」的進一步深化，將兩岸關係帶到與台、澎一樣的自由與方便。澎湖是邊陲化了，台灣能不能如民進黨官員所思，會因對中國之全面開放而免於邊陲化？時間會很快地告訴我們，不過依過去之經驗一定是凶多吉少。本週一，經續會兩岸

組北區座談會的公開場合上（地點在台北），即已有一位台商代表直稱「胡錦濤同志」。一葉而知秋，終結台灣的將不會是別人，而是泛綠自己。

（自由時報　2006 年 7 月 13 日）

積極管理，晶圓封測股看漲

最近台灣之晶圓及封測屢傳捷報。據報，封測廠的客戶訂單已排到第四季，國內大型封測廠如日月光、矽品等接單已到 10 月，京元電則排到年底，年底前已無多餘產能可釋出，日月光股價更是一飛沖天，讓投資者的財富增加不少。但大家興奮之餘，也不要忘記飲水思源，若不健忘，早在 2003 年，要求政府開放封測廠登陸之聲即已不絕如縷，但都因某些因素被延宕下來，政府也為此背下「鎖國」、「保守」等的黑鍋。現在回顧過去，若政府當時讓筆記型電腦登陸的同時，就開放了封測廠登陸，四年後的今天，由台商一窩蜂投資興建的封測廠必已遍布中國各地，產能大增，為爭客戶降價搶單的殺戮必已使各廠頭破血流，肥了中國，苦了台商，利潤大降，當然沒有今天什麼產能塞爆的情景。

晶圓雙雄的情況同樣令人鼓舞，台積電○‧

一八微米產能今年確定滿載,甚至傳出不排除併購其他八吋廠應急的消息。我們真得感謝 2002 年 3 月以台聯黨為首的「反晶圓登陸抗爭」,爭得了十二吋廠量產後才開放等「有效管理」條件。現在台積電兩座十二吋廠產能幾乎塞爆,九○奈米占整體營收比重可望上看二十三%,台灣晶圓代工之興旺也帶動測試廠的測試訂單。反之,如果四年前沒有「反晶圓登陸抗爭」,完全照當初經濟部之方案放行,兩年多前亦順應業者要求讓封測廠登陸,則當今的中國必已穩坐世界晶圓之龍頭,中國各地之科技聚落效應必已更為完整,中國的中芯也不會是仍在虧損中的中芯(本季虧八百七十萬美元,上季虧一千四百八十七萬美元),而已是一隻猛虎,留在台灣的,則必早已奄奄一息,那來股市的榮景。

筆者並不完全反對產業登陸,2002 年晶圓有條件、有效管理的開放是極為成功的案例。即使晶圓業者也私下表示,當時設有條件的開放是對的,是今天台灣仍能掌握世界晶圓牛耳的主要因素。此次行政院宣布開放低階封測及小面板登陸,幸虧能多多少少引進 2002 年晶圓開放之例,

「小我」與「大我」之間

「大膽西進」、「擁抱中國」對我國產業及經濟之傷害，現在又添一個新證據了。依經建會甫完成的研究報告，我高科技業在美國市場被中國產品替代之比率在 2004 年已逾二十％，遠遠超過南韓的八‧八％，我國出口在美國市場占有率即由過去之六‧一％退縮到前年的二‧四％，其他市場之情形亦復如此。（註：相反地，中國即由一‧六％提高到十三‧四％。）

過去我國出口產業被中國所替代者多屬傳統產業，如家電、紡織、成衣、玩具、靴傘、塑膠製品等等，這些明星出口產品在 1990 年初的中國熱中，幾全被中國所替代。但這份報告指出，2000 年後我國高科技業又大舉西進，紛紛將個人電腦、筆記型電腦、行動電話、光碟、TFT-LCD 後段模組製程、發光二極體等生產基地轉移中國，使中國在海外市場取代台灣的比率快速升

高。這些高科技產業開始外移的時候，都口口聲聲說，「投資中國可以降低成本，提高國際競爭力」，但五年下來，經建會的報告卻告訴了我們，這些前進中國的台商所打敗的國家是台灣，所替代的是台灣在世界各地的市場。

韓國廠商反而安然無恙，被替代的比率不高。這一事實顯示給我們，韓國雖然未西進（註：比我國慢，金額也只台灣之十分之一不到），但品質及競爭力都已提高，我國廠商雖然以西進取得了安逸，卻因此失去升級的壓力與機會，量產之後只能在國外搶奪自己的市場。

南韓是產業結構、經濟發展過程均與台灣極為相似的國家。但近幾年台、韓逐漸分道揚鑣，南韓的工業水準逐漸接近日本，連日本的 SONY 亦不得不與三星（韓國）平等合作生產第八代面板廠，技術水準開始領先我國，我國對韓國之逆差即因此逐年擴大，去年對韓逆差達七十六億美元，成為台灣第二大貿易逆差國。弔詭的是，逆差之最大宗產品竟然是半導體與通信產品。韓國近幾年的平均經濟成長率亦優於我國，去年的平均每人國民總生產更是一舉超越了台灣。這些情

勢的消長，確值得我們深切反省與警惕。

　　台灣真的如統派所說：沒有搭乘中國崛起之機會，或沒有好好利用中國廉價資源嗎？事實恰恰相反，美國國會的一份報告指出，台灣是投資中國最多的國家，約占全世界投資中國總金額的一半（即約二千八百億美元）。台灣也是最早進入中國的國家。經建會的這一份報告正告訴了我們，台灣對中國之投資只有過多而無過少的問題，投資越多我國產業、市場被中國替代之比率即會越高，國內投資、經濟成長率越會下降，關廠、失業率之上升也就不可避免。

　　日前在一場活動中陳總統說，台商必須從大處著眼，在「小我」與「大我」間取捨，在個別廠商的利益與整體國家利益間取得平衡。相信這是總統有感而發的肺腑之言。

　　亡羊補牢猶未晚，投資台灣，加碼台灣，才是解決台灣經濟問題的不二法門。

　　　　　　　　　　（自由時報　2006年2月9日）

台灣的優勢在哪裡

統派學者都說：「台灣在地理上位於亞太中心的地位，所以應該好好利用此一優勢，發展成為轉運中心、物流中心、運籌中心，作為外商進入中國市場的跳板」，最後還不會忘記地加上一句：「若不趕快直航，此一優勢即將流失」。

的確，台灣位於中國之東方，是東北亞日、韓等國通往東南亞諸國必經之地，又因台灣與中國語言相通，文化雷同，可作為外商進入中國的引路與跳板。可是，「必經之地」並不表示就可作為轉運中心或物流中心。琉球、菲律賓的呂宋，甚至澎湖，同樣具此地理優勢，但都不是轉運中心、物流中心，因為它們沒有出口產業。以現在的土木技術，只要肯花錢建設，馬公港、沖繩港都可以成為一流的深水海港或空港，只是澎湖、琉球無產業腹地，不符經濟條件。過去高雄港之能躍為世界第三大港，是因為 1980 年代高雄

港有電扇、腳踏車、成衣、塑膠製品等大宗出口物質，也就是說有充分的貨源，國際航線有停泊彎靠的必要與利基。韓國釜山港之所以能後來居上，並不是因釜山握有地理優勢，而是韓國出口產業凌駕了我國之結果。

所以，若政府只知開放，怠於管理，持續讓生產基地由台灣遷移至中國，則高雄、基隆、桃園貨運港之地位必日趨沒落，直航還會因方便廠商外移中國，加速貨源之枯竭，斷送港、市持續發展的動能。誠摯希望，將來有意逐鹿高雄市市長的政治菁英，不要被統派的錯誤經濟論述所誤導，錯將直航作為發展高雄港之訴求，真正能發展大高雄港最直接有效的方法，是要求廠商投資台灣，開拓台灣南部的產業。

同理，北部的政界人士，若真想成功提升桃園航空自由貿易港區，要使桃園縣成為亞太物流中心之重鎮，則首要工作應是持續擴大新竹科學園區的規模與產出。政治人物若不此之圖，只知迎合廠商個體利益之追逐，侈談與中國之直航，則此舉無異於飲鴆止渴，當廠去樓空的時候就是桃園沒落的開始。

　　日前又有一位經濟大師這樣質疑：為什麼外資（非證券投資）來台逐年減退？但弔詭的是，這位大師又說，「不去大陸，廠商只會被綑死在台灣」，且還日夜鼓吹台灣作為外商進入中國之跳板。問題是，台灣的廠商爭先恐後投資中國，卻要外商來投資台灣，世間那有如此矛盾的邏輯？何況跳板畢竟就是跳板，跳過之後就是敝屣，外商當然是不會在台投資的。

　　清醒吧，那些主張西進的人！世上沒有白吃的午餐，扎根台灣，致力於國內產業之升級，振興產業才是保持台灣優勢的不二法門，也是台灣真正優勢之所在。

（自由時報　2006 年 1 月 26 日）

小心國共併台悲局

「台灣已被催眠，正依催眠師之暗示走向屠場接受宰殺，一場國共併台之悲局即將上演！」這不是「唱衰」，是事實的綜合與合理的推理，本文期盼的是能及時扮演「晨鐘暮鼓」，目的是希望所言永不發生。

危言聳聽嗎？不！請看以下預兆，這些都是台灣被「西進」所催眠之結果。

一、中國已在海峽對岸裝備了八百多枚飛彈，整軍侵台不遺餘力，但台灣的企業、資金、技術卻仍然源源不斷流入中國，壯大其經濟。中國去年出超達一千零一十九億美元，但其中高科技產品出口十億美元以上之外資企業，台灣就占去了一半。台灣對中國之總投資額已達傾國傾城的二千八百億美元，奇怪的是，台灣還有一批人仍然叫喊「西進」，批政府是經濟「鎖國」。

二、中國在甘肅及海南島東北方興建模擬的

台灣機場，擺設F-16戰機模型，中國空軍在此日夜做侵台軍演，但台灣仍有一群人「反軍購」，封殺軍購預算四十五次，目的就是弱化台灣，以便「開城迎王師」。問題是，國人對此卻滿不在乎，心中只有商機，可見台灣已進入深度催眠的境界。

三、日前，中國國民黨主席公開宣稱「黨的目標是統一」，本月11日更進一步反對「美、日安保範圍納入台灣」，他一面反軍購，一手拒美、日，擺明的是「投降」。但國人對此亦毫無反應，麻木不仁。

四、隨著廠商西進，台商又凜於中國之權威，本土媒體得不到產業廣告等業務支援，因而日趨凋零相繼退場，中資即長驅直入。可是政府又堅持「新聞自由至上原則」，聽任其自生自滅。結果微弱之本土聲音已不足以喚醒民眾，媒體之公平性亦蕩然無存。

五、教改後，學校對企業之依賴日深，為了利益，「西進」成為台灣經濟論述之中心思維，三通直航成為不可挑戰的「必然」，對此政府只能說一句「不是萬靈丹」外，誰都不敢說出直航

的弊害與掏空效能。

六、政府猶如人之中樞神經，但「積極開放」的麻藥又使整個行政體系對連宋之聯共制台、泛藍之杯葛、親中媒體之囂張等中國統戰失去抗力。親痛仇快，此次民進黨主席選舉投票率不到二成，意味泛綠民眾已經「心死」，台灣似已乖乖地躺在俎上，等候屠夫之宰割。

但，幸運地天佑台灣，1 月 1 日，阿扁總統毅然清醒，他在元旦文告中告誡國人說，快快走出中國，邁向國際，只有「積極管理」方能避免一場浩劫。可是國親力推的直航條款五月協商將屆滿，若政府仍然軟弱無能，馬英九主導的國內航線雙向直航必將實現，胡錦濤的「台閩經濟區」將迅速成形，「資金外逃」、「財富縮水」、「失業」、「呆帳」亦必隨之而來，「九二共識」、「兩岸一中」、「一國兩制」將一一呈現在國人面前。

總統已清醒，希望整個政府也能清醒，更希望「愛好台灣」的民眾也快快清醒，看清國共「以商逼政、以經促統」的謀略。

（自由時報　2006 年 1 月 19 日）

直航…外流中國資金年增四千億

政府選後將召開二次經發會，企業界將要求兩岸直航、放寬中國投資上限及開放中國觀光客來台等，對此，國策顧問黃天麟強調，經發會應討論如何改善台灣投資環境、提振國內經濟，而非開放中國投資，現階段如果開放直航，台灣每年外流中國資金將增加四千億元，會造成國內經濟衰退、失業率居高不下。

黃天麟表示，從全球化的佈局來看，我國對中國投資金額不應超過對外投資總額的十％，即使考慮到台灣鄰近中國且語言相同等因素，我國對中國投資也不應超過對外投資總額的二十％，但目前我國投資中國金額占對外投資總額卻高達八、九成，這不叫國際化，而是「鎖國」，「將台灣的經濟鎖在中國」。

黃天麟指出，現階段如果開放兩岸直航，台灣外流中國資金將倍增，根據陸委會委託學術機

構所做的研究報告，直航後台灣到中國觀光人數將增至一‧六倍，高達六百萬人次，以每人消費二萬元計算，則台灣對中國觀光支出每年將增加四百四十億元。

此外，直航後台灣對中國投資金額將增至一‧九倍，目前我國對中國投資每年約一百二十億美元，直航後將增加一百億美元以上，約新台幣三千三百億元，加計增加的觀光支出，則我國每年外流中國資金將增加近四千億元，屆時台灣每年外流中國資金將約九千億元，而我國一年總稅收也才一兆三千多億元。

黃天麟強調，若台灣資金持續外流中國，國內消費及投資將減少，造成國內經濟衰退、失業率居高不下；因此，政府不能光從外商或是企業家節省經營成本的角度思考問題，而須站在全體人民的角度思考這個問題。

此外，黃天麟也表示，上市公司對中國投資上限不能再放寬，目前上市公司對中國投資上限四十％，風險已經很大，為保障大眾資金的安全，不能再放寬。

開放中國觀光客來台的問題，黃天麟認為，

雖然可以讓一些觀光飯店賺錢，但卻會有跳機、治安等問題，而且，開放後會不會因此拉低我國的觀光品質，降低美、日觀光客來台的意願，也必須加以考慮。

（自由時報　2005 年 12 月 6 日　記者鄭琪芳專訪）

台灣心聲為什麼沒辦法講話？

具有濃厚本土意識的電視政論節目「台灣心聲」，將於 12 月 3 日播出最後一集後結束，消息一出，引起許多關心台灣本土的觀眾議論。由於公司高層僅發出關閉節目的指令，但並未告知原因，所以停播的幕後因素眾說紛紜。有人認為是被香港人「幹掉」，有人即歸咎於最近節目收視率之下滑。但筆者認為，真正原因應在於政黨取向之偏差及錯誤的立法，說一句「自投羅網」亦不為過。茲說明如下：

第一，大膽西進政策對國家認同造成傷害。「積極開放」是大膽西進的同義語，「積極開放」對經濟面之衝擊，股市動能減退、高失業率、低工資薪金增加率等姑且不談，它對台灣社會、政治、人文面亦造成了下列傷害：

(一)最大的傷害是「西進資敵」行為的正當化與公德化。它在國人社會造成「中國非敵國」，

甚至是「施惠國」的偏差概念，這也是連、宋的
聯中制台引不起國人強烈譴責的主要原因。當
「拚經濟」與「結合中國」畫上等號時，台灣主
體論述就顯得欠缺說服力。

㈡它使泛藍選民增加。企業西進的結果，在
中國之台幹人員躍登百萬，往返中國年達三百八
十萬人次，日久生情，心態上逐漸靠近泛藍，
「本土化」、「正名」、「制憲」等自然引不起
他們興趣，甚至反感。此種傾向以中間選民為
多。亦就是經濟上越與中國結合，中間選民越會
傾向泛藍的「一中」主張，「台灣心聲」的收視
率自然下降。

㈢它使支持本土性節目之企業越來越少。以
GDP區區三千億美元的經濟規模，台灣卻占去了
中國所接受之國外投資之一半（約二千八百億美
元），致國內西進的企業在專制中國的制約下，
在台再也不敢資助本土性節目，廣告節目都轉移
至統派媒體，以示對中國之忠誠，本土節目無法
獲得應有之經濟資助。

第二，迂迴讓港資、中資控制台灣媒體之立
法本就是統派的伏筆。統派鼓吹西進，目的是營

造「以經促統」的政經環境，同理，他們在制定
「衛星廣播電視法」時，以「引進外資可帶動產
業及技術提升」為掩護，採取對外資開放之立
法，目的同樣就是有意讓港資、中資來控制本土
廣電事業。當時的新聞局長同具此心。

第三，「港資非中資」政策，敞開了木馬屠
城的大門。1997 年以前說港資不是中資，或許還
有一些道理，但 1997 年中國取回香港之後，港資
就已是中資之一部分。但奇妙的是，我們的官員
又再一次以「為不影響目前的經濟運作」為由，
將港、澳地區自中國切開，「港資非中資」的政
策思維與上述制定衛廣法時，以「提升國內廣電
事業」為由，讓港、中資控制台灣媒體之政策思
維如出一轍，目的就是統一。

經半個多月紛擾，新聞局針對 T 案（TVBS
股權問題）裁定罰款新台幣一百萬元，此種無關
痛癢的輕罰，將 TVBS 言等於繳了一筆小稅而
已。過去經濟部對偷跑投資中國的台商同樣都以
罰新台幣一百萬元或二百萬元草草結案（如宏力
等偷跑罰鍰僅二百萬元），形同鼓勵偷跑，也促
進大膽西進之大功告成。政府政策如此，環環相

幫中國賺錢的後果

中國國家主席胡錦濤 14 日（9 月）在聯合國高峰會發表演說，表明中國願意提供全世界最貧困國家免關稅貿易、免除債務和低利貸款優惠，但排除與台灣建交的十餘個國家。

中國這一國家（非一般人民）的確是富起來了。它去年僅貿易一項就從美國賺進了一千六百二十億美元（對美貿易順差），今年 8 月底的外匯存底已達七千一百一十億美元，排名世界第二，若加上香港之一千二百零八億美元，中國實質上已是外匯存底最高的國家。

第二次世界大戰之後，美國也曾經憑其龐大的經濟實力對全世界貧困國家伸出援手，包括關稅優惠及低利貸款。台灣也接受美國援助，稱為「美援」。所以此次中國對貧困國家提供援助也是應該的事，不足為奇。只是，奇的是它最後還加了「但排除與台灣建交的十餘個國家」，可見

中國所以提出「中援」，與美援之善意援助大異其趣，是有目的的，是心懷不正的，為的是要圍堵台灣的外交空間，打擊台灣。所以獲得「中援」的國家要感謝的應該是台灣，因為沒有台灣就沒有「中援」了。

除此之外，獲得「中援」的國家更應該了解的是，它們所得到的「中援」實質上是「台援」。因為，中國七千一百一十億美元的外匯存底也好，對美順差一千六百二十億美元也好，其中一大半是台灣援助中國的成果。不相信嗎？請看下列數據與信息。

最近美國國會召開的美、中經濟及安全調查委員會有一份報告（by Ernest H. Preeg），該報告指台灣是對中國投資最多的國家，金額約占中國所接受海外直接投資（FDI）之一半（註：至去年底止，中國所接受的 FDI 為五千六百二十一億美元，其一半應為二千八百一十億美元）。同樣，最近美國電機電子工程學會發行的雜誌（Spectrum）在介紹「中國的技術革命」時指出，「諷刺的是，中國在半導體技術的躍升，幾乎全是來自台灣的科技人員的協助」。18 日（9

月）報載大眾電腦的最後一條，也是台灣最後一條筆記型電腦代工生產線停工了，全部生產移到中國。筆記型電腦是台灣過去十年來最重要的電子產業之一，2001年國內產值比為八十九％，中國產值比僅四％，但去年中國產值比已竄升至八十二％，國內只剩十六％，中國代替了台灣，躍居為全球筆記型電腦的生產王國。中國的IT硬體產值為六百零五億美元，排名世界第二，也是中國出口的大宗，其中七十九％是中國台商的貢獻，可見中國貿易順差的一大部分是台商創造出來的。換言之，中國之所以有今天經濟上之成就，中國之所以能提供世界貧困國家「中援」，是中國接受「台援」之結果。

古有名言說「養虎為患」，今天中國以右手接「台援」，左手以「中援」打擊台灣，真是情何以堪。但咎由自取，這也正是台灣之悲哀。

（自由時報　2005年9月22日）

上班族你必須生氣！

根據一項跨國企業薪酬的調查發現，台灣上班族今年薪資淨成長率（薪資增加率減通貨膨脹率）僅〇‧八％，為受調查的十四個國家中最後一名，印度得第一名達四‧五％，南韓三‧八％，中國三‧八％，日本也有二‧二％。

其實，我國勞資及薪水淨增率之惡化已非新聞，早在 2001 那年，我國製造業薪資成本就已降低二‧六％，成為每小時五‧七美元，落後南韓的八‧〇九美元，亦低於新加坡的七‧七七美元（美國勞工部統計）。電子工程專輯發表的亞洲工程師薪資調查亦顯示，2002 年我國電子工程師平均年薪為一萬八千五百四十美元，比 2001 年的二萬二千六百九十二美元下滑十八％，中國則由 2001 年的七千零三十三美元上升十六％達到八千一百三十六美元，南韓也由二萬零五百一十六美元上調至二萬一千四百九十二美元，超越了我

國。

　　而根據今年我國主計處公布的截至去年 11 月的調查，我國製造業平均每月薪水從 2 月（2004）的三萬八千零一十台幣降至 11 月的三萬六千九百零五台幣，衰退了二‧九％。以上各種統計在在顯示我國勞工的薪酬成長率，自 1990 年廠商西進之後就開始走下坡，近幾年幾呈原地踏步，時而呈現下挫的命運。

　　為什麼獨獨台灣有此現象呢？理由非常顯明也很簡單，這就是經濟學上的「要素價格均等化」現象。由於我國的經濟水準、國民所得遠高於中國，若將其結合，台灣的個人所得、薪資水準、經濟成長都會被拉下，交流越密切，被拉下的程度就越大。尤其 2000 年我國採取積極開放政策後，廠商瘋狂式的西進浪潮加速衝擊了我國勞工薪資市場。此一時機，「台灣的工資昂貴，不符生產成本要求」是廠商老闆們西進的口頭禪，關廠、遣散、失業就成為薪水勞工揮之不去的夢魘，企業也以此成功地壓制了任何勞方調薪的要求。

　　將中國低勞資、低土地成本的經濟結合，也

拉下了我國經濟的成長與產業升級的速度。當我國對中國採取三不政策（不接觸、不談判、不妥協）的 1970 及 1980 年代，我國的平均經濟成長率為亞洲小龍之冠（1970 年代我國平均經濟成長率為十‧二％、新加坡九‧六％、南韓八‧八％，1980 年代我國為八‧一％，南韓七‧六％，新加坡七‧二％），但自我國對中國開放投資之後，我國的經濟成長動能就開始減退，連衡量國民財富的平均每人國內生產毛額去年也被南韓所趕上，落居亞洲小龍之末（2004 年南韓平均每人國內生產毛額達一萬四千零九十八美元，超越了我國的一萬三千五百二十九美元，新加坡為二萬四千七百四十美元，台灣敬陪末座）。

　　台灣怎會落得如此地步呢？過度投資中國，過度與中國經濟結合是主因，也是唯一的原因，我國對中國之投資應已超過二千億美元，相對之下，南韓還不到二百億美元，連日本也遠比我國少，這就是過去許許多多本土有識之士一直警告台商，一直要求政府對中國投資應作有效管理，反對與中國作更進一步的經濟結合，不贊同無條件、無配套措施的直航的主要原因。

　　真金不怕火煉，真理愈辯愈明，「大膽西進」是否有利於台灣的口水戰打了幾年之後，最近似乎已逐漸有了結論——即「大膽西進」必使台灣之資金、人才、技術流出，拉下其經濟成長，增加失業人口，西進越多、越快，其所受衝擊越大。此一結論應已是不爭的事實，也是共識。國人若不相信，請看下述某報論點。

　　過去一直主張西進的經濟日報，最近有一篇社論談及為什麼美、日、歐的經濟近十幾年相對於中國的「和平崛起」反而正步上「和平衰落」的厄運。該社論的結論是：「因美、日、歐等先進國家的資金、人才及技術持續向落後地區流出，使先進國家的發展能量受到侵蝕，造成國內投資不振，總需求萎縮，成長動力減弱，經濟每況愈下，失業率居高不下，甚至發生通貨緊縮。」這可不是過去本土派有識之士所一直主張、一直提醒政府的嗎？

　　若明知會如此而仍鼓吹西進，即合理的解釋只有一個——「大中國意識形態」作祟是也。換言之，大中國意識形態所鼓吹的「大膽西進」是我國工資、薪水實增率亞洲殿後的真正罪魁禍

學美國，顧台灣

美國聯邦眾議院 6 月 28 日通過了對外援助法案的一項修正案，禁止美國政府所屬的美國進出口銀行提供中國五十億美元貸款興建四座核能發電廠，提案的議員指出：「當美國財政困難之時，政府竟然同意用納稅人的錢去協助中國建造核電廠，不但荒唐，而且非常危險。」

五十億美元不是小數目，貸款本身的背面還有高於五十億美元的核電廠設備商機及所衍生的乘數效能。美國國會此種「讓已到手鴨子飛走」的舉動，若套上台灣統派之邏輯，即是「意識形態之立法，你不賣別人也會賣，你不貸別人也會貸，完全是鎖國心態作祟」。可是美國眾議院還是以三百三十四票對一百一十四票的懸殊票數通過了修正案，因為美國沒有所謂的意識形態，美國議員們念茲在茲的是國家安全與人民利益，把「愛本土」、「愛美國」、「愛台灣」等愛自己

本土的行為歸類為意識形態者可能只有台灣。

　　美國國會的議員也絕對不傻，他們當然知道「你不賣別人也會賣，你不貸別人也會貸」的道理，但美國議員們的思維是「人家要賣要貸是人家的事」，國家考慮的不只是商機，美國的利益與安全絕對凌駕於商人利益之上。

　　二天之後的 6 月 30 日，美國眾議院又以壓倒性票數通過修正案（三百三十三票對九十二票）及決議案（三百九十八票對十五票），用來阻止布希政府批准中國海洋石油公司（CNOOC）收購美國優尼科石油公司（Unocal）。共和黨眾議員龐勃說：「這項可能為中國政府主導的併購案不符市場自由原則與美國國家安全的最佳利益」。6 月 30 日美國眾議院的修正案與決議案，雖然尚不能完全約束美國政府的決定，但卻具有下述雙重的意義：

　　第一，它表達了美國議會對「美國經濟安全之關切」。中國經濟之崛起是否已構成對美國經濟安全之威脅？事實是，兩國本土之間相隔達一萬多公里，因距離太遠，中國之磁力對美國產生不了任何實質或立即的作用，何況中國之 GDP 一

兆六千億美元與美國之十一兆七千億美元相比，仍然是小巫見大巫，要真正趕上美國尚有一段很長的時光要走，即使如此，受人民付託的美國議員還是要未雨綢繆，認真思考中國將來可能之威脅，以善盡督促政府之責。

決議案的另一意義即在於提醒政府，中國的外貿政策不符自由市場原則，政府自不能以對自由國家相同之尺度審查中國企業對美國企業之收購行為。不久前（4月6日）美國聯邦參議院才以六十七比三十三票之多數通過了「要求美國政府如果中國在未來半年內不讓人民幣升值，將對中國輸美的所有產品課徵二十七‧五％的懲罰性關稅」。美國參議院之決議同樣揭露了中國政府執意低估人民幣，扭曲市場原則，取得不當經濟利益之意圖。可見，美國上、下兩院諸公，當他們面對具威脅性國家時，朝、野都能團結一致以盡保護人民及國家利益之責，不受個別企業利益之影響。

若我們的國會能向美國看齊，處處以國安為出發點，不再將希望寄託在敵人的善意，快速通過科技保護法、軍購案，進而立法要求政府「對

中國投資作有效之管理」，「禁止人民團體擅自
與中國中央及地方政府有任何約定等之行為」，
同時敦促中國政府快速調整人民幣匯率，若中國
不調整，也學學美國國會之作法，立法要求政府
做必要之處置，如台幣做適度之貶值，即台灣的
國安必穩如泰山，台灣的經濟必能締造另一波成
長的奇蹟。

（自由時報　2005 年 7 月 5 日）

大膽西進才輸給韓國

最新一期的經濟統計出來了。但數字真令人洩氣：2004 年南韓的平均國內生產毛額（GDP）已經到達一萬四千零九十八美元，超過了我國的一萬三千五百二十九美元，使我國在亞洲四小龍中敬陪末座。韓國可以說是與我國在人口、土地、各種條件都比較接近的鄰國，但過去的 1970、1980 年代，我國的經濟表現一直優於韓國，當 1992 年台灣平均每人 GDP 達一萬零二百七十四美元時，南韓還只有七千一百九十三美元，台灣領先南韓達三千零八十一美元，幾近多了三分之一。但從那年開始，南韓就急起直追，十二年後終於超越了我國。

就在這一年代，台灣的企業家們一直流行著一句經營術語──「資源的整合」，他們以此向政府說：「台灣應與大陸的資源整合，才能在國際市場上立於不敗之地。」學術研究單位亦紛紛

利用各種「經濟模型」，分析台灣利用中國資源的「互利」與「雙贏」，大力鼓吹西進對我國經濟之助益，形成了台灣這十餘年來的投資中國熱潮。若此理論正確，那麼台灣近十餘年的經濟表現應遠遠跑在第一，讓南韓等國望塵莫及，因為我國對中國之累計投資金額遠遠超越日、美各國，甚至是韓國對中國投資的十多倍之多。可是，實踐後的事實與模型理論相差甚遠，遠遠跑在第一的是被投資國的中國，積極利用中國資源的台灣反而一年不如一年。另一方面，未與中國做積極性「資源整合」的韓國，卻在經濟成長的力道上反敗為勝，出口貿易及國際競爭力之成長都比台灣好，終於後來居上，把台灣拋在後頭。為什麼？

　　理由非常明顯，也很簡單。十餘年來我國出口競爭力日趨式微，乃是由於我國產業過度利用中國資源（廉價勞工、便宜的土地），使我國企業得以迴避產業升級及研發之外在壓力，從而延緩了我國產業升級、技術創新的速度。幸虧，我國於 1996 年還有「戒急用忍」，因而留下了晶圓、鋼鐵、石油裂解、面板（TFT-LCD）等產

業，由於他們不能充分利用中國之資源，只得留在台灣硬著頭皮去創新、升級而有了不錯成果，不然台灣經濟將真不堪設想。

對中國過多之投資（如上述，沒有一個國家像台灣投入那麼多的資源到中國，累計應已超過二千億美元，韓國只二百億美元不到），使國內資本形成減緩，勞工需求減少，失業率攀升，壓低了國內消費，當然經濟成長也因此緩慢下來，結果國民所得無法提高。這就是我國 1992 年平均每人 GDP 為一萬零二百七十四美元，十二年後還在一萬三千五百二十九美元，一年平均只增加二百七十一美元的主要核心因素。（註：南韓平均年增加五百七十五美元，為我國之二倍多）。

近日我國上市公司瑞智，以購買海外基金的迂迴手法，違規投資東莞瑞萬五金而鬧得滿城風雨，對各方的指責，瑞智公司回應說：「因為瑞智八十％的客戶都已經到中國設廠，瑞智如果沒去中國投資，降低成本，留在台灣早就只有死路一條，但因瑞智對中國投資金額已達公司淨值的四十％上限，採迂迴投資的手法是不得已的。」瑞智的訴苦確實有令人同情之處，也同時道出了

當今台灣問題之所在——即「八十％客戶都已經
到中國設廠」。瑞智的經營者可能不知道亦沒察
覺「八十％客戶都到中國投資」的現象正是台商
「以商逼政」逼出「積極開放，大膽西進」政策
的必然結果。「積極開放」使我們在東莞、上海
到處都可以看到台商所形成的產業聚落，其規模
之大、聚集之完整令人咋舌，也會令人深感「不
去確實只有死路一條」。問題是，韓國呢？如上
述，韓國對中國之投資累計金額只台灣之十分之
一不到，因此韓國不會有企業的八十％客戶都到
中國投資設廠的情況發生，韓國的企業可以定心
留在韓國，專注於在韓國的經營，努力創新，創
造韓國的僱用，提高韓國的內需，讓韓國勞工的
收入、國民的平均 GDP 年年提高，達成企業壯
大，國民所得提高之雙贏之局。

　　日前總統在經濟顧問小組會議中對廠商海外
生產比率接近四成、資訊通訊業高達七成表達憂
心。之前的 4 月 5 日，府、院、黨為反制中國之
「戰爭授權法」，亦做出包括「有效管理」的七
點結論。但講歸講、做歸做，據報載，政院為了
能使台商對中國做更多的投資，正在研擬放寬

「投資大陸不得超過淨值二十至四十％」的限制，果真如此，或許可暫時滿足廠商的需求，讓廠商進一步擴大對中國之投資整合資源，但必也會製造更多「不去只有死路一條」的企業。只是若「以商逼政」，每次都能如此得逞，即輸給韓國事小，我們最怕的是最後台灣也會被逼到只有「死路一條」。

（自由時報 2005 年 6 月 3 日）

波特魔咒成眞

自今年年初以來，儘管我國政府大唱「和解共生」、「政治和諧」，對中國政策更是委曲求全，我國的股市還是每下愈況，加權指數與年初相比跌幅已達負七‧三％（至4月21日），國人的資產日趨萎縮，受此影響，今年首季工業生產指數成長率較去年衰退〇‧六二％，整年民間投資成長依主計處估計亦將只有八‧九％。

有人說這與國際股市下跌有關，我們不否定國際股市是影響我國股市的一項主要因素。問題是同樣與國際股市有很高連動性的韓、菲、泰、日等國股市的表現都遠比台灣好。相對於我國負七‧三％的跌幅，日本股市年初以來跌幅僅為負四‧五九％，馬來西亞負四‧〇九％，南韓股市即是反其道而行，還漲了四‧六％，新加坡也漲了三‧四九％，泰國〇‧九％，菲律賓一‧〇四％（均以4月21日收盤為準），可見台灣股市在

東亞、東南亞多國中表現最弱，跌幅最大。

　　也有人說，我國股市是受了三十五號公報之影響，可是三十五號公報的主要作用在於讓企業財務報表更為透明，目的是保障投資人，亦即是一件加強股市信心的措施，屬行政上之利多，而非利空，將其視為股價疲憊之要因，難脫無限上綱之嫌。即使退一步言，我們接受三十五號公報是近一、兩個月股市疲乏之原因，也無法合理解釋去年3月以來我國股市雖獲外資兩千多億元的挹注，仍然委靡不堪的事實。2004年新加坡漲了二十一·六四％，南韓二十七·二五％，菲律賓二十五·○六％，日本也漲了十四·九八％，惟獨台灣只漲四·二三％，可見台灣股市今日之問題另有其因。

　　另一項令人警惕的經濟表現是出口貿易。進、出口貿易之消長，一向被視為國家產業競爭力之櫥窗。可是當南韓的貿易出超去年達二百九十四億美元，人少地小的新加坡亦有一百五十七億美元之時，我國只有六十一億美元，在亞洲各國敬陪末座。今年1至3月情況更糟，南韓仍保有相同水準的演出，出超達六十九億美元，可是

台灣卻快速下墜，僅三億美元，3 月更差，反轉為入超四億美元。更糟的是，新加坡、中國、日本今年 1 至 3 月的出超水準都與去年相坪，呈現入超者僅台灣一國。今年第一季出口成長率僅及二‧三％。這些數字已隱約在告訴我們，台灣的貿易結構已出現變化，且在出口競爭力方面相對於亞洲各國明顯呈現弱勢。更令人擔憂的是，我國出口競爭力之弱化非導因於新台幣之升值，因為同一時間韓元為主的亞洲各國對美元匯率之升值都不比台灣低，那麼台灣產業競爭力到些產生了什麼樣的變化，導致競爭力下墜呢？

　毫無疑問的，我國產業競爭力之下墜是長久以來企業對產業升級努力不足的結果。這是因為台灣的企業，拜語言、文化之方便，有了中國廉價勞工與「以經促統」的政策優惠，可輕易地隨時到中國投資設廠，以量產及壓低勞工、土地資源價格的經營方式，尋求在國際競爭上取得優勢。近幾年我國企業排山倒海西遷中國，創下人類史上企業外移的奇景與紀錄。雖說這是到中國尋找第二春，但經營學也告誡我們「嬌生慣養的孩子總是不出息」的。八年多前（1997），一位

名叫波特（Michael Porter）的競爭力大師應邀來
台診斷台灣經濟前景時，就對只想吃軟飯的亞太
營運中心計畫提出了批評，建議台商眼光勿侷限
在中國。他並警告：「過分依賴中國廉價勞工資
源，必使產業忽略升級的努力，長期不利國家產
業競爭力」。幸與不幸，波特之預言，今天應
驗。對中國投資無論是在家數或在金額都僅及我
國十分之一的韓國就趁機崛起，在產業競爭力上
現已明顯超越了台灣。韓國的企業家與台灣企業
家相比，確較富國家責任意識，「寧願死在韓
國」也要在自己鄉土埋頭苦幹，數年下來它對中
國之出口金額已凌駕台灣，很多產品行銷全世
界。反觀不聽信波特大師警語的台灣，錯誤地將
產業鎖進中國，終使我國整體產業競爭力日漸落
後於鄰國。（註：依韓國輸出入銀行統計，韓國
對中國投資累計一百零六億美元。我國對中國投
資即應已超過一千六百億美元）

　　尤其近幾年，政府的「積極開放」大膽西進
政策，更進一步將台灣的經濟鎖進中國，這使我
國股市資金日趨枯竭，動能日衰。令人氣餒的是
他們還大言不慚地預測 5 月的反彈，我們不否定

溫水青蛙該醒了

神秘兮兮的中國「反分裂法」終於揭開了它的面紗,這一個中國領導者們自以為「傑作」的大法,其實是赤裸裸向世界暴露了他們自我中心的「大國」意識,及它猙獰的侵略性格。但由台灣之立場言,或許我們必須感謝這一部中國的「反分裂國家法」,因為,它正是賜給面臨「新論述」、「大和解」、「共生」而喪失靈魂不知方向的台灣一絲新的曙光,使其不致迂迴在自我毀滅的歧路。

說一句實在話,台灣最近幾年的政經際遇,可很貼切的以一句「溫水青蛙」來加以形容。中國很巧妙地且很成功地將台灣這一隻青蛙困在「一個中國」的政治燉鍋內,因深怕這隻入鍋的青蛙會因加熱後一躍跳出鍋外,中國這一廚師就在鍋內灌進了「中國廣大市場、廉價勞工、優惠台商、以經促統」的經濟溫水,讓這隻青蛙優游

於溫水之內，再以慢火加溫，目的就是要把牠煮成可口的台灣青蛙湯果腹，以滿足中國吞台之慾望。

很不幸的是，台灣政府一直無法察覺中國「溫水青蛙」的巧妙設計，反而把燉鍋當作台灣的將來，大膽西進，高唱三通救台，視直航包機為成就，一步一步走向自燉之路。去年，台灣對中國之投資占了對外投資的八十六％，出口依存度高達三十七％，累計至去年的對中國投資金額超過二千億美元，約占去年國民總所得的六十五％（美國不到〇‧三％，日本〇‧五％），將台灣經濟完全依附於中國之下，可說這隻台灣青蛙在日益升高的水溫中已昏昏如醉，不知死期即將到來。

青蛙不是全無掙扎，雖然有時也想跳逃，但因聽周圍的人都說：「不要叫、不要跳、更不要挑釁」、「跳出去，你就沒命」，所以青蛙就一直採取了「維持現狀」的偏安之路。統派及台商即不時地在鍋底下添薪加熱，要求政府更進一步對中國開放，促進更密切之經貿關係，好期待一道「清燉青蛙湯」的統一大菜早日上桌。這就是

台灣今日的處境。

　　但不知為何，這位中國廚師這一次突發奇想，將「反分裂國家法」的大辣椒放進這鍋快要煮熟的青蛙湯內，自以為「反分裂國家法」第六條經濟交流的魚餌仍可讓這一隻青蛙安於鍋內。沒想到辣椒用得太多太辣，喚醒了正在「西進、新論述、共生」魔水中困睡待斃的青蛙。

　　不過，清醒還是不能挽回被煮熟的命運的。台灣必須趁此中國廚師放錯佐料（反分裂法）之機會，大膽地向「一個中國」說「不」，並向世界發聲，以正名、公投、制憲向世界說出台灣不是中國的一部分，台灣屬於台灣人民的事實。

　　更重要的是，台灣必須此時立刻拒絕中國「溫水」的誘惑，停止與中國進一步的經濟交流，有效管理對中國之投資，貫徹台灣優先之經濟政策，引導台灣走出中國經濟的桎梏。只有這樣，台灣才不會在統派及台商的叫囂中再度跳回中國的燉鍋，正名、公投、制憲才有成功的機會。

　　清醒吧！溫水青蛙（台灣），請不要再躊躇，不要猶豫，也不要奢望中間路線，快快跳出

「一個中國」及「經濟溫水」的燉鍋!

（自由時報　2005 年 3 月 15 日）

兩岸直航？台灣會不會變澎湖？

「兩岸春節包機」於1月29日啟航。台灣日報
以「兩岸常態直航指日可待」做為頭版標
題，中國時報更是以九大張的篇幅將其鉅細無漏
的報導，雙方機場展開一系列的活動，五星旗亦
飄舞在桃園國際機場，宛如台灣正在慶祝另一次
的「光復」。交通部民航局長張國政興奮地說：
「這是歷史性的一刻」，年輕一輩的或許沒經驗
過六十年前歷史性的一幕，那時「六百萬人同快
樂，簞食壺漿表歡迎」，只是當時迎接的是六十
二軍，此次卻是台商。但六十二軍帶給了台灣二
二八的殘殺與長達三十八年的戒嚴，這次台商
「歷史性一刻」不知會帶給我們什麼？

歷史的確一直在重演，因為人類或許天生不
會從歷史得到教訓。1987年（民國76年）當時
的國民黨政府在民進黨的推動下開放國人赴中國
探親，並強調這只限於探親，絕不允許巧立名

義,違者嚴懲。只是很多事在外國可行,偏偏台
灣則不行,在台灣開了小門就等於開了大門,不
久探親變成觀光,觀光成為投資,中國熱從此一
發不可收拾。同樣,此次春節包機陸委會說服務
對象只限於台商,但結果連菲傭也上機了。陸委
會該不致笨到不預測會有這樣結果吧!乘客所持
理由是「台商可以,僑生為什麼不可;若僑生
可,菲傭為什麼不可」,依此理類推,「春節包
機可,其他節日為什麼不可;節日可,週日為何
不可」,正如交通部民航局長張國政所言:「兩
岸常態直航指日可待」也。

　　據報導,29日上午九點二十七分,當中國南
方航空公司航機降落桃園機場時,候機室響起一
陣掌聲與歡呼聲,大家都為此「破冰」之旅慶
功。可是大家也不要忘記,三十七年前(民國57
年)澎湖全長二千一百六十公尺的澎湖跨海大橋
(連結西嶼與澎湖兩大島,使西嶼到馬公路程縮
短到不到半小時)開通大典之時,也是旗海飄
揚,官民無不額手稱慶,譽為世紀之大工程,開
啟了西嶼發展之美景。但三十七年過去了,西嶼
之荒涼依舊,人口反而減少,僅及開通時之一

半。

民國68年8月，澎湖馬公航空站在澎湖人及商人之期待下開航，大家同樣大開香檳慶祝，譽為這是「澎湖歷史性之一刻」，從此澎湖人可直航台北、台南，咸認澎湖之發展成為「海峽明珠」指日可待。但直航後，澎湖還是步上西嶼之命運，不管澎湖縣政府歷任縣長如何努力招商，澎湖的「錢」與「才」還是一刻一刻地流向本島台灣。二十六年的時光過去了，儘管台灣本島的人口增加近倍，澎湖的人口不增反減，由十一萬到現在只剩九萬多人，國外這種大經濟體吸納小經濟體之例，也是多到不勝枚舉。

筆者非常期望此段歷史不會、也不要在台灣重演。可是若依我們經濟官員之言，或依統派學者之論說：「市場力量是無可阻擋的」，即台灣之步澎湖之後塵，歷史之重演也將是「無可阻擋」的了。

不管如何，「木幾已成舟」，2005年1月29日這「歷史性的一刻」對往後台灣的生存發展將造成怎樣的影響，只有待歷史再一次的檢驗了。十年後或二十年後，歷史會告訴我們。

（自由時報　2005年2月2日）

誰害傳統產業夕陽西下？

簡啟洵先生 2 月 3 日在自由廣場「夕陽無限好，任其近黃昏」一篇大作，雖然僅僅不到四百字，卻道盡了今日台灣經濟之問題及經濟政策之偏差，令人欽佩。

簡啟洵先生感嘆地說，為什麼薪俸成本遠比台灣高的歐美紡織業仍然欣欣向榮，而台灣卻不斷關廠往中國跑，去搶食廉價品的市場，不思索產業升級？其實原因應不是很複雜，主要因為台灣的廠商過分依賴中國，而缺乏在國內研發升級之壓力。台灣投資中國占我國 GDP（國內總生產毛額）之比高達三％，約為美、日（各約〇‧〇三％及〇‧〇五％）的一百倍及六十倍，當然排擠了對國內之投資及研發，亦使這十四年來我國經濟成長率、放款成長率、貨幣供給年增率、國內投資率逐年下跌，失業率卻上升的主要原因。

另一個更令人恐懼的原因是，我國的官員還

不以此為戒，迷失於統派、親中媒體之謬論，把「鎖進中國」解釋為國際化，誤以為是「雙贏」，且把「對中國投資增加中國國力」視為台灣國力之延伸，將台灣經濟之發展完全寄託於要併吞我國之中國。親中學者也巧妙地替西進的台商找到了一套似是而非的理論，即「將不符經濟效益的、技術層面低的產業外移，才能騰出資源，給新的產業有成長的空間」，以此魔幻手法成功地將產業西進合理化、正當化，讓我們的官員信以為西進是台灣之必須。

　　紡織業是夕陽產業嗎？的確，紡織業是傳統產業之一，但歐、美、韓國都已證明它絕非夕陽產業。只是紡織業在台灣，卻與其他傳統產業一樣被西進論者所埋葬，成為西進的犧牲品。兩年前（2003 年）為挽救日益沉淪的傳統產業及中小企業，經本土派的智者千呼萬喚之後，在總統府主導下行政院終於推出了「製造業新增投資五年免稅獎勵辦法」，對 2003 年及 2004 年之我國經濟復甦起了不少作用，紡織業投資亦因此大幅成長。可惜，因主管機關並不熱中，只適用至 2003 年底止，時間一到就草草收場。

　　過度強調兩岸關係，過度投資中國，過度聽信台商之言，過度依賴中國廉價勞工，過度誇大中國市場，致使企業欠缺升級的壓力，不思全球的佈局（只知佈局中國），減少國內投資與國家稅收，延緩國內投資環境之整頓與改善，這就是當今我國政、經病灶之所在。但令人氣結的是，即使數字歷歷在前（投資中國世界第一，經濟依存度也世界第一），親中的媒體、學者、政客仍然視若無睹，死不認錯，還在鼓譟西進，這就是台灣的悲哀。

　　　　　　　　　　（自由時報　2005年2月16日）

包機是邊陲化的另一工程

台、中對飛的春節包機本月 29 日就要啟航了。屆時統派媒體必將騰出所有的版面大肆報導這一「世紀盛事」，炒得宛如台灣即將光復。可預見的是這股「包機熱」應不會在 2 月 20 日就戛然而止，如何保持此「成果」、「開啟兩岸經濟進一步的統合」，必是包機之後另一將被熱炒的議題。

此次包機創下了諸多首例，如首次對飛，中國航空器首度合法入境我國，也將台北——香港——北京、上海、廣州不落地情況下連接。比起 2003 年的包機，多了起降點、不中降第三地，時間也拉長，航空公司及架次亦增加許多。因此，朝野都以此「成就」沾沾自喜，稱為「重大突破」，譽為「合作典範」。當然，若以「加強交流」、「經濟統合」、「政治統一」為努力目標的話，此次包機百分之百確是「重大突破」，

也是「合作典範」，值得慶幸。

不過，若我們的施政目標是「拚經濟」、「維持現狀」或尋求「台灣主權獨立」或要「捍衛中華民國」，即春節包機的構思與推動，不但不是「突破」而是一種倒退，是政治的自我毀滅，經濟上即是邁向台灣邊陲化的一項工程。

第一、春節包機無助於「拚經濟」，且具反「拚經濟」的效果。因為春節包機只服務中國台商，日本台商、美歐台商均未被考慮。顯見朝野的眼光裡、心目中，只有中國台商，奉中國台商為主流，是台商之驕子，有意無意抬高了中國台商的地位，也等於鼓勵國人企業向中國看齊。但過去的經驗及多項研究報告均顯示，投資中國以外地區對台灣經濟、僱傭之貢獻度高，而投資中國對台灣經濟不但無利，反會減少在台灣之僱傭，所以是反經濟的，與「拚經濟」背道而馳。

第二、春節包機是對「維持現狀」之破壞，也是減項。如上述，包機抬高了中國台商在台國人的地位，無異於鼓勵企業對中國之投資（註：去年八十五％海外投資，投到中國），給中國增加一份經濟力量，用以加強軍備、打壓台灣、牽

制美國、完成「統一大業」，是以，是對「維持現狀」之破壞。中國經濟之躍進亦會使歐洲的「對中武禁」更難維持。

　　第三、春節包機不利於台灣尋求「台灣主權獨立」之立場。中國在包機、直航問題上一直堅持「國內航線」之原則，這與中國的「一個中國」原則是相輔相成的。這一次春節包機在中方堅持以「民間對民間」的原則下，雙方官員以民間企業代表或顧問的角色參與，又限飛往香港情報區，否決我方飛往琉球及韓國飛航情報區的提案，更加凸顯中國「國內航線」之意涵。由於中國在「一個中國」之詮釋上逐漸取得主導地位，此種模糊主權的交流對我方「台灣主權獨立」之訴求是一種傷害，讓我方越難自圓其說。

　　可是春節包機還是在多方的敦促下，完全無視於六百枚飛彈與中國「反分裂法」之威脅而終於實現，以滿足中國台商之需求。有人說這是兩岸春暖花開，希望由此開啟大三通（直航）的下一步。若說「這是趨勢」，是「無法阻擋」，即此趨勢正是台灣在「大中國經濟圈」下逐步邊陲化的必然。因為「邊陲化」依過去經驗都是在一

片歌頌聲中演化形成的。如澎湖西嶼的跨海大
橋，花蓮的北迴鐵路等等，都在期待與讚譽聲中
完成，但都使西嶼、花東人口減少。「包機」同
樣屬此邊陲化的一項工作，「直航」將是繼之而
來的另一步驟，而且都會被譽為一種突破。

　　包機使中國台商之投資中國行為「英雄
化」，直航（定期包機）必將使台灣更密切地結
合在中國經濟圈之內。如果我方一直深信此為
「雙方互利」，即只有再讓歷史經驗去證明一切
了。

　　（註：「再讓」指過去十四年與中國之交流
史。此經驗證明了台灣在經濟成長、股市、工資
方面因與中國之密切結合逐漸喪失動力，甚至被
韓國迎頭趕上。）

　　　　　　　　　　　（自由時報　2005 年 1 月 20 日）

由「總統的李登輝與董事長的王永慶」看「總體經濟與個體企業」

台塑集團董事長王永慶本月 5 日結束大陸行回台，除了到泉州安溪作尋根之旅外，據說亦到漳州電廠考察。對王董事長言，這是舊地重遊，但一定也感慨萬千，九年前的 1995 年，王永慶認為大陸的電力事業極具潛力，毅然與大陸官方簽下金額高達三十億美元的漳州后石火力發電廠投資意願書，隨後統一集團也宣布投資武漢水力發電廠，我國其他企業亦躍躍欲試，一股大陸熱延燒到鋼鐵及其他基礎建設的領域。

為此，同年 8 月，當時的李總統登輝提出了「戒急用忍」的論述，從此各大電廠、大鋼廠計畫先後偃旗息鼓，漳州電廠也縮小投資規模，只進行了其中的一部份。

九年後的 2004 年，中國產生了電力、高級鋼奇欠的問題，物價蠢蠢欲動，迫使中國總理溫家

實不得不宣布經濟降溫，亞洲經濟及股市為此承
受到莫大的衝擊。據估算，中國電力短缺問題至
少還會持續到 2006 年，供電不足毫無疑問地將迫
使台商及外資企業減緩進入中國，從而壓制中國
經濟成長的動力。現在回顧這一段歷史，我們不
得不佩服企業家王永慶之先見之明。他在九年前
就看準了中國在經濟成長過程中對電力之需求，
大膽提出高達三十億美元（折合台幣一千億元）
的電力開發計畫，但戒急用忍使他失去了這一筆
商機（註：商機到處都有，台塑應已用此一千億
元投資於另一事業計畫）。王永慶是看對了！
（註：但不表示會大賺錢，台商投資太多大電廠
後可能供過於求。）

　　但若從另一角度來觀察，當時如果沒有李登
輝總統的戒急用忍，到了 2000 年，中國將有好幾
座台商投資的大電廠與大鋼廠開始運轉，使大陸
的電力供應充足，電價更為便宜，大大提升了中
國經濟成長的力道，保七、保八早已不是問題，
2000 年後之中國更將可享有二位數成長而不發生
電、鋼短欠的困境，溫氏的宏觀調整也不必啟
動。中國 2003 年的 GDP 將不只是一兆四千億美

元，應早已接近二兆美元，中國對台之氣焰將更顯囂張，對美、日施壓亦將更為有力，台灣之處境必將更為危急。所以若以一國之總統言，李登輝的決定不僅是對了，而且是必要而必須的。

　李登輝總統因漳州電廠得罪了王永慶，也得罪了一些急欲登陸的台商，但卻確保了國家的安全與永續。九年過去了，漳州電廠這一段歷史的是是非非，的確讓我們更加一層地了解到：「個體企業的利益與判斷不一定符合整體國家社會的利益與福祉，而且在很多場合是有害的。」電廠如此，「直航」何嘗不是！

（自由時報　2004 年 6 月 25 日）

由中國之缺電缺鋼回顧西進政策

隨著夏天之到來，中國各地電力不足之問題日益嚴重，廣州一帶已開始實施錯峰用電方案，全市四千多家企業每週只能五天生產，兩天輪休。華東地區同樣嚴重，江蘇、昆山亦傳來一週限電兩天的消息，影響不少台灣已赴中國設廠的業者，包括印刷電路板業等科技產業。專家們估計，中國缺電最快要到 2005 年才能獲得有效解決，我們希望中國之缺電多少會減緩台商投資中國的速度，而有助於國內之投資與消費。

無獨有偶，中國高級鋼鐵材也出現缺貨現象，鋼價飛漲，自去年上半年開始至今年 2 月鋼價上漲達二十八‧一％，弄得台灣大、小鋼廠笑逐顏開，中鋼去年一年賺進三百七十億元，今年第一季稅前盈餘就已達一百二十六億元，股價在一年半的時間內由一四‧九元上漲到最近的三十五元，漲幅達一三四％，市價僅中鋼股（股本九

百四十五億）則已暴增一千二百六十六億台幣，整體鋼鐵業即達二、三千億元，財富大增。

很巧的是，發電廠與製鋼廠卻也是 1995 至 1996 年間我國大企業最熱中、最想投資中國而同被李前總統之戒急用忍政策所擋下來的兩大產業。1995 年台塑王永慶與中國福建省簽下金額高達三十億美元的漳州后石火力發電廠投資意願書，隨後統一集團也宣佈將與美國南方公司合作投資武漢水力發電廠，其他財團也都不甘落後，躍躍欲試。比電力廠更熱的投資中國項目是大鋼廠。在 1995～1996 年間表明要赴中國投資大鋼鐵廠的廠商有：春源、大中、友力、名佳，且一個比一個大，動輒都是美金三、四十億的大投資案。

漳州電廠於 1997 年 3 月動工，但其他的電廠及大鋼廠計劃都因「戒急用忍」而取消，漳州電廠的規模也縮小。當時，他們都說「我們不去，人家也會去」，結果台商沒去之後，美、日、歐的鋼廠、電廠也沒去，六年後的 2002 年，中國開始缺電，亦缺鋼。回顧起來，當時因戒急用忍「大家都沒去」是對的，台灣似乎失去了「商

機」，但卻因此台灣的鋼鐵業六年後大賺一筆錢，也就是說，真正的「商機」在於「不去」，可見「不去」也是抓住商機的一種方式。

如果那時政府採取敵友不分、「開放就是好」的不管政策，即台灣早已替中國蓋了五、六個大鋼廠，十幾家發電廠，投入金額將以數兆計（台幣），完工後的現在，鋼價必已一落千丈（如現在筆記型電腦的大殺價），不但在中國的投資危在旦夕，台灣的鋼鐵業必在虧損邊緣掙扎，中鋼再大可能也不能倖免。這是個體企業利益與全體利益不盡相同的寫照。

十幾家台商投資的發電廠當然也會使中國不缺電，中國經濟的成長更為順利，也引入來自台灣及世界的投資，台灣的經濟成長將更為緩慢，相對地，中國對台的飛彈可能不只五百五十枚，還有航空母艦也說不定。

可惜「戒急用忍」不及於資訊科技製造業。1998 年以後，台灣科技產業大舉移至中國，當時的經濟部亦未有效勸導，使中國一躍成為僅次於美、日的科技大國。請大家不要健忘，其中約七十％的產值是由中國台商貢獻的，不然中國的

GDP應該不會那麼高，中國的金錢外交也不會那麼揮霍，波音公司也不會因為中國的五十七架飛機訂單而拒絕呂副總統參訪，法國總統亦不會在艾麗榭宮為高鐵、空中巴士向胡錦濤叩頭，表明「反台灣公投」之立場。

　　人為財死、鳥為食亡，國家也是，你說不是嗎？

（自由時報　2004年4月28日）

我們還要失落另一個十年嗎？

春節期間，趁春假翻翻先探投資寄來的 1242 期刊，內附贈台股十八年週線圖，打開細看那長達十餘歲月的加權指數，難免有一陣不堪回首之感嘆，因為 1991 到 2000 的十年指數，絕大部分一直徘徊於三千點至七千點之間，成橫向匍匐型波段，明顯欠缺動能，其間美國的道瓊即由不到三千點的水準一路攀升到一萬點，以漲幅言，我國幾等於零，美國則高達約四倍。過去美國一直是台灣景氣的火車頭，但這國民黨執政的最後十年，美國的景氣卻對台灣完全未發生激發效果。投資美國股市的美國人是賺翻了，但投資台灣股市的台灣人除一小部份投資者外，都虧損累累，賺的人應該不多。

若我們再從其他代表性經濟指標來觀察，同一時段也是我國貨幣供給（M2）、放款成長率、經濟成長率「史無前例」持續下降的時候。1970

年代及 80 年代我國平均貨幣供給年增加率均在二
十％至二十五％之間，1990 年後逐年持續下降，
1995 年（民 84 年）跌破一○％關卡，至 2000 年
只有六‧五％，同一年韓國仍有二十五％之成長
率。放款成長率亦復如此，1980 年代以前均有近
二十％之成長，但到了 90 年代就急遽萎縮，1998
年只有五‧二％，2000 年為四‧七二％。

　　對中小企業授信更慘，到了 1998 年（民 87
年）幾已不成長，甚至成負成長之局，股市不
振、房地產價格持續下跌、企業破產、銀行呆帳
陡增。經濟成長率亦逃不了持續下跌的厄運，由
領先地位滑落至四小龍之末（回歸中國之香港除
外）。整體表現亦反應到外匯存底上面，2000 年
我國外存底為一千零六十七億美元，與 1991 年之
八百二十四億美元相比只增加二百四十三億美
元，若扣除十年的孳息即不但沒有增加反而減
少。

　　以上數字告訴了我們，1990 年代（1991～
2000）對台灣經濟及投資者言（包括股票及房地
產投資者）是遺失的十年。這期間到底是誰在執
政？當時職司台灣財經的官員正是現在擔任國、

親泛藍財經政策的財經專家。

那麼何以至此？主要問題出在於他們未能認清中國「以經促統」的統戰伎倆，亦未研擬有效管理等配套措施，在大中華意識型態之驅使下，貿然開放與中國之投資經貿往來。事後亦將李前總統的諍言「戒急用忍」束之高閣，當時的行政院我行我素，任憑中國發揮其黑洞的磁吸效應。生產性資金的西流排擠了國內投資與消費，不動產價格亦在資金水位的下降中持續下跌，套牢了不少投資者，有辦法的就用「錢進中國，債留台灣」的手法掏空台灣。這些泛藍財經官員的「傾中財金政策」終於造成貨幣供給年增率、放款增加率、中小企業授信、經濟成長率「史無前例」的持續下跌，也正是我國國民的財富年年萎縮，消費不足，國內投資不振，失業增加，銀行逾放攀高等 2000 年前後經濟問題的主因。

可是令人遺憾的是，今日泛藍的財經政策不能自過去執政最後十年的大敗象中擷取教訓，仍然極力擁抱「大中華」，高舉三通牌，揚言當選馬上直航，主張擴大與中國之經濟交流與對中投資。三通直航的結果將會如何？我們對此實在無

須再做爭論，香港經驗已歷歷在前，與中國更為密切的往來只會加速資金之西流中國，重蹈台灣1990 至 2000 年間經濟活力日趨衰退的覆轍，加添國人失業的痛苦。

2000 年 5 月新政府承接了「失落十年」的爛攤，三年下來，在「投資台灣優先」及「台灣主權優先」等大策略下有了一些成就，失業率開始下降，銀行逾放亦漸獲控制，股市亦由大底翻轉，房地產交易開始活絡，價格亦止跌回升，外匯存底亦大幅增加，去年底達二千零四十四億美元。整體經濟表現似乎已一掃過去十多年來的陰霾，這些都是在堅持台灣優先及不屈服於直航壓力下達成的成果。

前幾天國內某大報社論也指出，「選總統真的是在選擇我們自己的未來」，並呼籲國人選出一位「能保證未來的生活比過去四年更好」的總統。筆者非常同意此看法，也在此呼籲各候選人的財經智囊，在制定台灣財經政策之時，千萬要以留在台灣的人民為優先，台灣主權之維護為優先，並揚棄大中華的幽靈，因為這樣才能保證未來的生活會比過去四年好，甚至比過去十四年

好。同時也呼籲我們的國人拒絕還要將台灣帶到
另一個「失落十年」的政黨與其候選人，因為直
航、妥協與退讓的和平只會帶來台灣經濟加速的
衰退與財富之萎縮，更多的失業群，而這些都不
是我們所想要選擇的。

第 2 章

不做中國經濟的跳板

林濁水的「薛琦矛盾」

筆者上週曾論及，從中國所修剪的統計推演的三個錯誤論述，誤導了林濁水先生對中國經貿的思維態度，但這一改變也註定了整個邏輯的衝突。

從林先生《共同體》一書我們可以清晰看到林先生對中國之基本認識。他說「中國人（包括受中國化教育的）遠離中原就產生強烈的邊緣化焦慮，這深層的價值觀又透過台北許多主流國家經濟政策的論述被表現出來」，一語道出了當今台、中間經貿問題的根源，令人欽佩。林先生對南韓經濟之看法也很深入，在《共同體》一書強烈反駁薛琦「韓國對中國投資大幅超越台灣，是韓國經濟成長動力」的看法，指出「韓國對中國投資金額小時，經濟成長幅度大，2002後對中國投資擴大，成長反而趨緩」，並引述了大前研一的一段話，「南韓企業若仍不直接進軍美、日等

發達國家市場,而持續躲在中國等發展中國家,
南韓將被中國併吞」。

問題是,持此觀點的林先生怎又會認同
「台、中、美經濟產業鏈」大架構呢?若南韓過
多的對中國投資會有被中國併吞的憂慮,「台、
中、美產業鏈」的架構明明要以中國為生產基
地,明明是「持續躲在中國等發展中國家」的做
法,怎會沒有被併吞的憂慮?這就是矛盾之一。

林先生認為「南韓對中國之投資小時,南韓
經濟成長幅度大,增加對中國投資後,成長率反
而趨緩」,這一點筆者是非常贊同的。但他又拿
中國之統計告誡本土人士,說「投資中國金額高
的 1990 年代,台灣經濟成長率高;2001 年後投
資中國金額減少,台灣經濟成長率低」,前者與
後者之因果邏輯似乎完全相反。此乃矛盾之二。

林先生積極為民進黨政府的「積極開放」政
策辯護是可理解的,為此借助中國的統計,以此
試圖證明積極開放後對中國之投資沒有增加,一
方面卻完全陷入中國統戰之陷阱,因為「積極開
放」是泛藍統派的專利,若積極開放沒錯,即泛
藍的主張是對的,那麼過去六年台灣經濟由四小

龍龍頭掉至龍尾，貧富差距之擴大，失業、自殺率之攀高等等，一切責任即必須由民進黨來承擔，這正是泛藍所要的理論架構。

或許林先生認為近幾年台灣經濟動力之衰退，罪不在「積極開放」，而是如「積極管理不如技術創新」一文（2006年12月29日）所指，是「技術之不能及時創新」，但這也是林環牆教授所指的「創新毀滅失衡」，林教授認為近幾年台灣國際競爭力之所以下降，是因為過多的資源（資金、人才）移至中國，導致台灣技術創新趨緩。這一個事理，亦與林先生所引述的「韓國企業若仍不直接進軍美、日等發達國家，而持續躲在中國等發展中國家，即南韓終被中國併吞」是異曲而同工。可見林先生的「積極管理不如技術創新」與《共同體》一書對韓國之看法存在著基本上的矛盾，正確的論述應是「無積極管理即無技術創新」。此乃矛盾之三。

林濁水先生是筆者敬佩的民主鬥士，對中原文化之認知與筆者觀點有很多相似之處（請參閱拙著《中國之興衰》，1992年初版），但不知為何中國的偏差統計迷住了林先生，改變了其思

維，這一改變註定了上述邏輯之矛盾與不一致性。

（自由時報　2007 年 2 月 6 日）

中國統計・濁水摸魚

筆者上月19日發表「與林濁水談四十％」，林先生隨後以「三個錯誤的刻板印象」、「兩岸經貿傷害台灣認同？」等多篇鴻文指教。綜觀林先生論點，與筆者的主要分歧，源於對「投資中國金額」之認定。

林先生採信中國統計，認定台灣對中國之投資，1993到1999年的七年間平均三十一・三八億美元，高於2000到2005年的平均二十九・一八億美元，依此展開論述，並由此引申幾個論點：一、「積極開放」並未使投資中國之金額增加，反而減少。二、1990年代台灣對中國投資高時，台灣國內投資率穩定維持在二十二％到二十四％之間，2000年後，台商對中國投資減少，國內投資率也降低到二十％以下，表示對中國投資多，對國內投資也多；對中國投資少，國內投資也會少。三、1990年代經濟成長率平均六・八

％，高於 2000 年後的平均三‧五％，亦即對中國
投資多，我國經濟成長率即高，2000 年後對中國
投資減少，台灣經濟成長率隨之下降。結論是，
2000 年後台灣投資不振，經濟成長趨緩，與民進
黨政府對中國政策之鬆綁無關。

　　問題是為什麼美國的數字不採，我國政府的
統計也不甩，偏偏相信中國官方的「到位」偏
方？

　　在專制中國，統計只是為政治服務之工具，
例如日前北京發表了「國防白皮書」，說中國的
國防經費只是中國GDP的一‧四九％（三百六十
五億美元）；但是它的實際數字，歐美各國都要
乘以三至五不等，且已是一種常識。同樣，自從
台灣開始爭論對中國投資過多問題後，中國就開
始政策性壓低台商「到位」金額，並刻意將經由
維京、美國、港澳、新加坡等地進入之台商予以
排除，目的當然是為有利於「反本土」的統派經
濟論述。顯然有些學者掉進了這一迷陣。

　　日前中國發改會副主委大言不慚地說，台商
實際投資額只有四百四十億美元。依此計算，台
商投資額只占中國所接受外人投資（FDI）六千

六百五十億美元的六％。你相信嗎？

數字可以弄假，但總不能脫離常識，只要跑一趟東莞、吳江、蘇州、昆山、無錫等工業區，看看摩肩接踵而立的台商工廠，宛如身處新竹科學園區；但你能看到日商、美商形成的聚落嗎？2005 年提出的美國國會報告，直言台灣對中國之投資金額約占中國所接受的 FDI 之一半（以當時言是二千八百一十億美元）。此份報告是相當可信的，因中國 2005 年進、出口前十五名，外商占了十家，其中台商占五家，恰好一半，出口金額達十億美元以上之外資企業共有二十九家，其中屬於台資者十四家，也同樣占總數之一半左右，而且主要都屬科技產業，也就是 2000 年以後才大量進駐的台商。換言之，美國國會的一份報告絕不離譜，且接近事實。

退一步言，即使使用我方經濟部之統計，數據亦顯示政黨輪替後，2000 至 2005 年我國對中國之投資金額大幅增加，是 1991 至 1999 年之三‧三九倍，扣除補辦金額後亦達一‧八四倍。

若依這些可靠的數據重新論述，林先生的三個論點，應會變成：一、積極開放後投資中國之

金額大幅增加（非減少）。二、對中國投資增加之後，國內投資減少，投資率近幾年均僅徘徊在十七％至十九％的超低水準。三、因 2000 年以後對中國投資之大幅增加，國內經濟成長率隨之下降，由 1990 年代之平均六‧八％，急降至三‧五％。最後結論就應該是「這樣還要開放嗎？」

　　「統計」就是這樣奧妙。問題是，你要相信那一邊？

（自由時報　2007 年 1 月 30 日）

論「積極定位，自信開放」

年前的此刻，民進黨內激起了一場路線之爭，部分人士對陳總統 2006 年元旦文告的「積極管理」頗有微詞，後來新潮流提出了「積極定位，自信開放」的新論述。一年過去了，「積極管理」政策被束之高閣，不見蹤影。12 月北、高市長選後，行政院即一連串開放晶圓〇‧一八微米製程、擬允許人民幣兌換等鬆綁措施，顯然新潮流的「自信開放」握有政策決定之制高點。

「自信開放」的論點是：「只要台灣人有自信，何必畏懼與中國人周旋」，「民調亦顯示台灣人的自我認同仍然穩定增加，所以有自信的台灣人應該勇敢面對中國，以『海洋國家』開闊的胸襟，迎接中國的挑戰」。（可參考郭長豐先生 1 月 11 日自由廣場「自信台灣，勇敢迎戰中國」一文）

　　過去「積極定位、自信開放」的新潮流論述，對於「積極定位」一直欠缺明確的詮釋，郭文「以海洋國家開闊的胸襟迎接中國的挑戰」一段，可以說補足了其不足。筆者百分之百贊同將台灣定位為太平洋的「海洋國家」，海洋國家一般均有如海洋般開闊的胸襟，換言之，定位為「海洋國家」的台灣，胸襟應要寬闊，投資行為應廣泛分布於世界各國（包括美、日、加），貿易也不要侷限於一國，最好能做合理之分配，真正做到「四海為家」的境地。相信這也應是「積極定位、自信開放」精義所在。

　　1980 年代，台灣尚能算是太平洋國家之明珠，貿易對象擴及全世界，海外投資也都能分散於菲、泰、越、馬、印、美、日等各國，南進亦有一些成就，經濟成長率即冠於東亞，台灣經驗成為各國羨慕的焦點。但進入 1990 年之後，情勢有了大改變，中國熱橫掃了台灣。到了 2000 年，我國的海外投資到中國的占了三十三‧九三％，已屬偏高，到了 2005 年再飆高到七十一‧○五％，幾已將「海外投資」與「投資中國」畫上等號，「鎖進中國」之勢至為明顯。

　　為此，2006年元旦阿扁總統不得不提出「積極管理」新方向。但行政單位卻陽奉陰違，致去年對中國投資金額及比率均再創新高。海外貿易的情況亦同，1999年我國出口中國占總出口之比為二十三‧七％，到了2005年快速增加到三十七‧九六％，2006年繼續飆高至三十九‧八％，鎖進大陸國家之趨勢更進一步確立，完全偏離做為海洋國家的應有定位。就在此時，行政院又一連串對中國經貿採取了積極鬆綁措施，這也是本土學者難以釋懷的主要原因。

　　對中國之投資占所有海外投資的八成，投資金額占GDP之比，竟是美、日的五、六十倍，這樣還不夠自信嗎？本土人士之所以會反對政府對中國的一再開放，是因為當前的海外投資，八十％鎖進了中國，顯已超越了「自信不自信」的問題。事實是，我們已過於自信了。但自信應非盲目的，它應是具有理性的行為，現在我們需要的是，「積極定位為海洋國家」、「自信開放走向世界」，而不是「積極定位為中國經濟之一環」、「自信鎖進中國成為甕中鱉」。請不要暫時能「與虎共寢」而洋洋得意，老虎不是不吃

你，牠只在等待噬食的時候而已。

（自由時報　2007 年 1 月 16 日）

從香港看高雄港

高雄市長候選人黃俊英副校長選前在發表政見時，極力鼓吹直航，認為海空直航，可創百億元商機，才能讓台商回流，外商投資，增加就業機會，重振高雄港雄風；北市市長候選人郝龍斌也提出以松山為直航空站的政見，南北相互輝映，鼓吹直航仙藥。雖然選戰已過，但錯誤的陳述至今仍餘波蕩漾，誤導社會甚深，立法院又迅速將兩岸三通直航案排入下次院會討論，看來直航已是山雨欲來風滿樓。

問題是：高雄港為何沒落？

理由實在是非常簡單，因為產業外移，使高雄港已無貨可載。這是很自然的結果。有人說，是因為不直航，才使高雄發展不了轉運業務。但無貨轉運時，貨船還會靠港嗎？若不相信，請看下列報導：

「深圳港現在已是全球第四大貨櫃港，到

2010 年貨櫃吞吐量將達二千六百萬標準箱，可望超越香港及新加坡，成為全球第一大貨櫃港。」為什麼深圳港自建港後發展神速？理由同樣很簡單，因為附近有工廠，有貨可載。而與中國不但直航，火車也能直達各地的香港，仍然競爭不過深圳，因為工廠都靠近深圳，深圳的貨根本無須香港轉運。由此信息應可了解，黃俊英發展高雄的政見，是抓錯了藥單投錯了藥。事實是，高雄沒有病，癥結只在產業之外移中國。

綜觀主張直航所持理由，除方便性與節省往返費用外，均屬未經實證的個人主觀認定，台商如此，外商也一樣。以海運業來說，直航確可獲取轉運之利基，依此，他們就率爾認定直航有利於台灣，至於因直航而會引發的產業外移則茫然無知。為了圓夢，他們還會以直覺的個人感受，大言不慚地認為直航可以讓企業根留台灣，可以使台商回流，可以促使外商投資，增加就業，至於被問實據在那裡時，則完全拿不出可靠的數據與例證。

直航可以留住企業、投資台灣的說法不但牽強，甚至可以說是捏造的。依照陸委會之調查，

直航後台灣企業對中國之投資會增加一‧九倍，顯然有促進對中國投資之效果。工業總會問卷調查之結果亦與陸委會相同，「會增加對中國投資」之廠商占了五十二‧三％，是「會增加在台投資」之廠商（只占二十七‧四％）的二倍，顯然直航會讓企業根留台灣，是統派處心積慮捏造出來的謊話。

直航為什麼會讓廠商增加對中國之投資？這是市場原理使然，即小經濟體與大經濟體結合之時，小經濟體之人才、資金會被大經濟體所吸引，終使小經濟體淪為邊陲。交通越方便，往來越密切，吸引之磁力會越強。中國能在十五年內吸去台灣三千億美元投資性資金，就是此種磁吸效應之結果。

是以，高雄市如果真的想振衰起敝，還是學學麥寮吧！麥寮港全年貨物吞吐量已超越了台中港，因為它有六輕，它有新興的工廠。換言之，「投資南台」是恢復高雄港過去榮耀的不二法門，沒有積極管理的直航，則適得其反，只會使高雄更加委靡，只會惡化南台當前之問題。

（自由時報　2006 年 12 月 26 日）

與林濁水談四十％

日前民進黨新潮流系前立委林濁水接受中國時報專訪時表示：「國人應從文明的角度來界定China（中華），而不是從Nation（民族國家）的角度來看，文化上強調台灣主體意識，會比只強調本土意識好」。筆者非常佩服前立委對國家民族、文化之真知灼見，相信這也是過去絕大多數主張台灣主權獨立的民主前輩所持之主張。

不過，對於「台灣最大貿易夥伴仍是美國」、「赴中投資四十％上限理由已不存在，政府制定四十％上限是要保護高科技產業，但從現況言，四十％對電子產業影響少，對傳統產業影響大，不該擋的卻被擋住」、「中國的崛起不能沒有台灣，台灣不必妄自菲薄」等的陳述，即認為頗有商榷餘地，爰申述我見就教於大家。

台灣最大的貿易夥伴仍是美國嗎？在2000年之前或許是，但現在已不是了。2005年台、中間

的進出口貿易合計已達九百三十七億美元，遠高於對美的四百九十五億美元，今年至 9 月底我國對中國之出口依存度四十一％（美國退縮至只十五％），進出口合計金額七百九十四億美元，幾已兩倍於對美貿易之四百零一億美元，台灣對中國之傾斜已嚴重到「與狼共舞尚不知其風險」的程度。

「設定企業赴中國四十％上限理由如今已不存在」嗎？我們必須了解，四十％上限是國家風險管理之一種，絕非只是為了要保護高技術產業，這與銀行法限定銀行對某一企業之放款不得逾銀行淨值之十五％（擔保放款）是一樣的，非對銀行發展之限制，而是保護銀行因經營者之貪瀆對特定企業放款過多，危及銀行及國家之金融安定。除上述規定外，銀行法對銀行之投資企業（國內外）亦有不得逾銀行淨值四十％之限制，也是國家以法要求銀行（企業）做好「風險管理」之例。中國是全球唯一明言併吞台灣的國家，對此國家不需做風險管理以保台灣安全嗎？

以純風險管理之角度言，四十％上限應已過於寬鬆，一家企業將四十％淨值投資中國，若加

上周轉資金及設備融資，實際投入於中國之資產必已接近淨值，萬一中國侵台，台灣被封鎖，企業必陷於莫大之經營危機，甚至屈服於中國。是以，主張取消上限的人，在思維上與「反軍購」幾無兩樣。

「不該擋的卻被擋住」的反面應指傳統產業可以無限西進，但此種「輕視傳統產業」的思維，也是使台灣這些年來國內投資不足、消費不振的主因。風險管理之必要性與金融法規一樣，不因產業而有所不同。令人納悶的是，企業投資中國如果已達上限，何不增資，資本增加一百就可投入中國四十，四十％還不夠嗎？

我們希望西進論者不必妄自菲薄，但也不得夜郎自大，台灣的腹地畢竟只是中國之二六七分之一，「中國之崛起不能沒有台灣」，只會適用於中國羽毛未豐急需台灣資金及技術之時，若有一天台灣的晶圓、面板、農技都已被吸完，恐怕那天正是中國對台用武之日。狼要吃羊是不需任何藉口的，四十％的上限即是保住台灣產業與矽盾（Silicon Shield）的法寶，也是小羊（台灣）不被惡狼（中國）吞食的唯一可靠方法（註：群

聚效應不能只靠單一產業）。

　　四十％的上限會使企業出走嗎？統派都這麼說，或許會，也確有人在出走，但是取消限制必然走得更快。事之真偽只要看看開放後的筆記型電腦就知道，未開放前雖有人偷跑，九十三％仍在台灣生產，但開放後不到三年全部跑光，現在沒有一條生產線留在台灣，這與禁毒還是有人吸，不禁即一定滿街毒癮是一樣的道理。

　　筆者深切了解，這些話都將是耳邊風，都將是多餘的，還會被譏為「時代不同了」。或許是吧，因為在他們的眼裡，現在是中國的時代，台灣只有對中國開放，融入於中國經濟圈之內，別無他途，「國際的長河」是流向中國的。

　　只是企業可以雄飛中原，但台灣卻會因此成為邊陲。

　　　　　　　　　　　（自由時報　2006 年 12 月 19 日）

經營「大中國」的迷思

美北卡羅萊納大學經濟系教授林環牆日前有一大篇大作，文中他指出，當今政府是以「經營大中國」來建構台灣的策略主軸，社會也常將台灣經濟前景寄託於更緊密的台、中經濟整合。林教授可以說一語道破當今台灣政治、社會、經濟所有問題的根源。

政治上，台、中經濟之整合已促使越來越多的企業家、農、工、商、媒界人士向北京輸誠，本土票源即逐漸流向藍營。台塑、奇美、長榮集團等企業老闆隨著對中投資之增加，都已公開倒向北京，「國共論壇」五十幾位企業龍頭一字排開，耐心等候與中國領導人握手的一刻，只是冰山一角而已。中國政府之魔手確已深入於台灣政、經界的每一角落，連蘇內閣也得「務實」的「不必以人廢言」。施政則必須向台商靠攏，民進黨內要求放寬中國投資四十％上限，開放〇‧

一八微米晶圓製程、輕油裂解、銀行登陸之聲更是不絕如縷,「積極管理」只是跛鴨之點綴而已。民進黨如此,某一企業老闆「一國兩制還比現在好」的談話,就不足為奇了。

社會治安之敗壞,與兩岸交流也是如影相隨。黑槍、毒品、搶奪、詐騙、走私、黑心食品等等,天天在媒體吵吵鬧鬧的報導,那一項與對岸中國沒有牽連?因人民渴望「治安」,蘇揆也不得不以烏紗帽重誓「半年內要搞好治安」。但一時之改進並不保證將來也會好,只要與中國往來越密切,除非台灣成為專制中國之一部分,否則治安問題只有越來越壞,絕難改善,因為中國是政策上想以「超限戰」併吞台灣的國家。

經濟上與中國之整合最大的問題,就是一大一小之間所必然產生的邊陲化效果。小經濟體的台灣,透過企業家的「雄心大志」,捨小就大,台灣不久即必成為大經濟體的一環,中國的邊陲。如中環要在中國投資一萬家連鎖店,統一企業也要成為世界第一大的食品廠商,慾望驅使它們將資金、時間、人才持續往中國填,國內投資自然就受到排擠。問題是,當完成了一萬家連鎖

店後，這些企業的總部還會留在台灣嗎？（專制的北京政權也會要你遷的）企業及有錢人是得到了慾望的滿足，但台灣中、下層絕大部分的人民所面臨的卻是一職難尋、所得不增加、貧富差距擴大、生活條件變差、痛苦指數上升，直到對岸的生活水準與台灣拉平為止。彼長我消，中國是崛起了，但犧牲了台灣。

　　大前研一（日本的趨勢預言家）日前來台，整場的「迷中」調子中，卻也溜出了真言，他說「沒有台灣，中國不會崛起」。畢竟他不是中國人，所以他還有良心。的確，為了「經營大中國」，台灣已投入了兩千八百億美元（約九兆新台幣）及百萬台灣的菁英（常駐中國的台幹），整個政府（泛藍當然不用說）都已不再談台灣的安危與主權，瘋狂地投入於這一「偉大」的工程。五年前，美國哈佛教授柯比（William Kirby）發出了警語，他說，「台灣現在已落入於北京控制中，台灣還能控制的幾件事情之一就是決定怎樣對中國開放」。五年後，現在連「決定對中國開放」的，似乎也都落入於北京所控制的台商之手了。　　（自由時報　2006 年 5 月 11 日）

商業研究院非當務之急

經濟部長黃營杉證實，是否有必要成立財團法人商業發展研究院，還得審慎研議。

隨著國內大專院校之氾濫，近幾年商學院碩士班以及在職經營管理碩士班（EMBA）如雨後春筍，招收學生亦相當多，台灣實際上早已不缺商業管理或企業管理人才。商業發展研究院之籌設即有屋上架屋之處。

商業發展研究院之籌設是包括統一超商等多位商界龍頭老大多次向層峰建議，並在去年全國商業發展會議期間經再次之呼籲，而獲前閣揆謝長廷支持的結果，表面上是仿照工研院在工業方面之角色，扮演台灣發展服務業、商業的研發，強調商業及服務業在經濟發展上之重要性，但仍難免給人各彈本位之印象，也是「商人治國」的象徵，充分顯露出官員欠缺中心思想，隨風飄搖的性格。

　　商業發展與工業發展是不一樣的，為了發展製造業而成立工研院的理論思維實不能亦不可複製至商業發展上面，這也是世界上的先進國家雖都有類似台灣以發展工業技術而設的工研機構，但未聞有由國家設置的商業發展研究院之原因。

　　有人認為，台灣的商業服務業占國內產值已逼近七成，卻沒有一個研究商業發展模式或新技術應用的研究中心。但從另一角度而言，七成的服務業產值以台灣現階段的經濟發展層次來說（每人平均國內生產毛額僅及美、日的三分之一多一點），已迫近美、日等高度開發國家之水準，如與日本之六十八％、英國之六十九％（2003 年）相比，已有早熟偏高之虞，此時此刻政府是否需要一再強調其重要性，投入一筆可觀資金，提升其在 GDP 所占之比率，是值得政府審慎思考的問題。

　　我們不諱言，過去大型發展會議往往都為達成某利益團體或某種政策目的而設計者多，2001年的經濟發展會議，2004 年的全國服務業發展會議及去年的全國商業發展會議，都明顯帶有推動及掩護「積極開放大膽西進」的政策意義，商業

發展研究院也就是這一政策之產物。

　　我們雖然不全然反對「服務業發展綱領及行動計畫」中所揭櫫的四年內將服務業產值占GDP之比重提高至七十一％的目標，但卻難予苟同將其作為國家重大建設以替代「生產在中國」所遺留下來的產業窟窿。此種政策或多或少讓國人誤以為「服務業替代製造業」是現階段台灣無可避免的趨勢，在某種意義上正當化了產業西進中國的誤謬政策。其實，台灣的國民所得還不算高（僅一萬五千美元），在此經濟發展階段，台灣可發展及應可升級之製造業仍多，如何多加照顧，將其留在台灣發展、升級，這才是當今政府優先努力的目標。

（自由時報　2006年4月13日）

駁高雄港衰退論

最近幾天高雄港在世界之排名又成為統派媒體爭吵的題材，並以一貫手法將其與「遲未直航」相連接，將高雄港世界排名之倒退歸責於政府，以遂其「以商逼政」的目的。

某報 1 月 5 日再以特大標題報導：「高港警訊，貨運衰退十四年首見」，並引述高港局長之言，說「要拉高貨櫃裝卸量，最快速而有效的方法是開放兩岸三通，增加轉口貨櫃量」，結論就是「再不三通，海運也快邊緣化了」。

在台灣，指鹿為馬、是非顛倒的不實指控已是司空見慣，不足為奇。可是，將高雄港排名之下滑扯上直航即未免過於荒謬了。過去高雄港之能由沒沒無名的商港一躍成為世界排名第二的大貨櫃港，理由非常簡單，是因為南台灣是工業重鎮，成衣、雨傘、電氣用品、冰箱、腳踏車、靴帽、鋼鐵、玩具、塑膠製品及後來之電腦等產業

都年年增產，高港載貨量當然也年年攀高，至
1993 年高雄港一年貨櫃裝卸量逾四百六十萬
TEU，僅次於香港、新加坡，排名世界第三。只
是好景不常，1990 年後生產基地開始西遷，傳統
產業產品大減，韓國及中國之工業生產急起直
追，至 2000 年韓國釜山港得力於旺盛之出口，終
於擠下了高雄，2000 年後，中國之出口大增，上
海、深圳躍上，釜山、高雄自然就得退居五、六
名。所以一國港口之排名，除了新加坡握有麻六
甲海峽咽喉的特殊地理位置外，與一國之出口貨
物量息息相關，幾成正比，轉口不是沒有，但轉
運地位之上下，亦與該港口之出口貨運量息息相
關，沒有貨可裝卸時，誰也不會想多花時間與金
錢來彎靠。

是以，高雄港排名之下滑，台商西進中國是
其罪魁禍首。直航不但不會增加高雄港之貨源，
反而會方便生產基地做進一步之西遷中國，加速
高港貨運之衰退。筆者並不完全否定直航會提高
高港轉運地位的論說，但這是高港的出口貨量
（即腹地之貨品生產）不變之前提下才能成立，
是一種單純的「純貨運理論」，經濟活動是多元

的,若直航沒有「投資台灣優先」的「積極管理」,只會加速產業外移至生產要素遠低於台灣的中國沿海,使高港之出口量更加萎縮,轉口地位更形低落。試想,當貨物是在上海洋山港腹地製造時,誰會把那些貨物搬到高雄轉運?換言之,欠缺「製造中心」、欠缺「積極管理」的直航只是飲鴆止渴,不但無補於高港之發展,整體台灣亦將深受其害。

歸根究柢,當今台灣之諸多問題,包括高港貨運量排名之下滑,都是產業西進之結果,請不要再被那些「是非顛倒」的衰退論所誤,拯救的方法絕非消極的「直航」,如何增加在台之投資與生產,努力於產業之升級,提升國際競爭力,才是唯一而正確的解決方式。

(自由時報 2006 年 1 月 12 日)

「豈有此理！」與區域中心

美國商會 6 月 1 日公佈了「二○○四台灣白皮書」，疾呼兩岸快速直航，並建議政府「加強與中國大陸經濟整合」，且語帶威脅地說，如果兩岸不直航，台灣要成為區域中心將難上加難，跨國公司將被迫改變營運計劃離開台灣。

台灣與大陸沒有直航，台灣就不能成為區域中心，跨國公司就會離開台灣嗎？正確的答案應是「台灣，在中國政策性磁吸與阻撓下，要成為區域中心（包括轉運、運籌）本就很難，若兩岸直航，則區域中心的美夢必難上加難，甚至成為不可能，跨國公司也會真正離開台灣。」

主張「直航有利台灣，會使台灣成為區域中心」的人，似乎是基於下列三個假設：一、直航後台灣廠商會增加對台投資（包括外國的製造業投資）。二、中國的港灣、航空設備永遠落後，不具成為區域中心的條件。三、中國對台灣是友

好的，絕對會本於政、經分離原則處理兩岸事務。但不幸的是，上述三個論述都不實在，均屬主張直航者一廂情願的想法與假設。

先就第一項直航會使廠商增加對台投資的假設來說，依經濟部委外的研究報告，受訪廠商中有三十八‧五％預期兩岸直航後會增加對大陸投資，至於因直航而增加對台投資者僅占十四‧六％，前者是後者的二‧六四倍。因此認為台商外移大陸的問題可透過兩岸直航來解決的想法未必正確，而且恰恰相反。

歷史經驗也驗證了此研究結果的正確性，民國八十年代初，我國傳統下游產業外移中國的時候，這些老闆都說台灣與中國可以建立上、中、下游的垂直分工互惠體系，下游去了，上游就可安心根留台灣，加強國內投資與技術提升，以此論述，將廠商外移正當化、功德化。幾年下來，下游都去了中國，中游變成不去不行，中、下游都去了，上游廠商也就說：為了接近市場非去不可。此一經驗告訴了我們，商人的話只代表了當時的情況與當時的商業利益，看似有理，但卻不利於整體，更不能做為產業政策。直航可以使與

大陸製造業互補而更具效率的說法，同樣係廠商
就當今的商業利益所做的敘述，一時確可加速交
貨的時間，但不具永續性與普遍性，因為最快的
方法還是乾脆將工廠都搬到對岸，既可完全省掉
大陸、台北間的航程時間，亦可免除通關手續。
而直航正好提供了將所有工廠都搬到對岸的強有
力動機與有效的交通工具。經濟部那一篇「直航
後增加去中國投資者，二‧六四倍於對台投資」
的研究報告，正表示了直航後可能重演的歷史經
驗。

　　中國的港灣、航空設備會永遠停留在現在的
情況嗎？（上述假設之第二項），答案也是否定
的。中國各地的基礎建設正因台商的投資需求而
迅速擴建改善之中。只要「貨物」是在中國製
造，產量年年增加，中國的港口絕不愁沒貨裝，
當然也不愁不成為區域的海、空轉運中心了。有
人常將高雄港裝卸量排名之後退歸責於未三通直
航。但這是一種作賊喊抓賊的硬拗之詞，真正使
高雄裝卸量排名後退的是，產業的外移中國。生
產在中國，「貨」也就在中國，高雄當然就沒貨
可運、沒貨可買、沒貨可裝，船隻當然就不會彎

靠台灣。所以該責怪的是「西進政策」及主張西進的企業及學者，絕非不直航的問題。

　　中國會對台友好，維持政、經分離的政策嗎？（主張直航者的第三項假設）。不用說，這是緣木求魚的奢望。因為中國是以併吞台灣為矢志的國家，即使台灣能成功的成為區域的運籌、轉運中心，中國也不會輕易讓台灣的美夢成真。也就是說，將生產基地放在對岸中國的此中心，隨時都會如海市蜃樓般地垮台。我們只要回憶 5 月 24 日中國國台辦那蠻橫、頤指氣使的姿態，就可領悟到主張「生產在中國，運籌在台灣」的荒謬與不切實際，只要中國國台辦一聲叱吒：「污染在中國，賺錢回台搞什麼運籌，豈有此理！」一夜之間這些廠商，包括外商，必會匆匆地結束台灣的運籌中心，次日在上海重新開幕，因為工廠不能搬走，但運籌中心的電腦、資訊、資金隨時可以淨空。

　　「豈有此理！」只憑中國的這一句，明理人就應該徹底瞭解問題的真正癥結所在。還是腳踏實地去忘掉「直航」吧！也不要再有「直航可使台灣成為區域中心」的非分之想，乖乖回頭投資

台灣，擁抱我們永遠的母親台灣。這樣才真正能使台灣成為區域中心，留住跨國公司。

（自由時報 2004 年 6 月 15 日）

第3章

西進開啓了台灣金融的山海關

憶兩蔣時代之金融殖民政策

3月31日中國國民黨舉行遊行活動，要台灣的人民重溫兩蔣時代的「美好」時光，勾起了我那漫長一段三等國民服務於三等銀行的忍辱歲月，在歷史與記憶還未完全被埋沒之前，或有必要披露給國人，同時也獻給那些懷念外來統治集團的人。

1945年，中國國軍奉盟軍統帥命令來台接受日軍投降，同時也派員接收日人及日政府在台之財產，接收總值以當時幣值計一百零九億九千萬元，奠定了中國國民黨大陸政權（以下簡稱國陸政策）治台的強大財政基礎，當今檯面上的台銀、一銀、華銀、彰銀、合庫銀、土銀及台企銀，就這樣成為國陸政權控制下的所謂省屬行庫，啟動了他們的金融殖民政策。

戰前台灣的金融業已頗具現代化規模，與中國落後的錢莊式銀行相比，宛如天壤之別，當時

的中國還使用重達兩公斤的上二下五大算盤就可知其一二。由於一銀、華銀、彰銀戰前員工以台籍為主，戰後主要主管、上級幹部的董事長、總經理網開一面，任命台籍人士外，台銀、土銀即一概由陸籍（即外省籍）擔任，合庫則各占一半。此種以陸籍為主導的金融版圖維持了四十四年，以台籍員工占多數的銀行界言，是相當不公平的殖民政策。

但國陸政權並不以此為滿足，為擴大其金融版圖，除凍結新銀行設立之同時，還有計畫地允許大陸系銀行以復業之名設立。中國銀行（後改稱中國國際商業銀行）（1960）、交通銀行（1960）、中央銀行（1961）、農民銀行（1965）就這樣先後復業（中信局在 1947 年撤退前來台），大陸系銀行復業之後由陸籍擔任董、總座的銀行數由二家增加到八家（台北銀行 1969年開業），由台籍擔任的銀行仍侷限於三商銀、台企銀（註：1976 年台企銀由合會改制）四家。台、陸之比由「三台二陸一各半」演變至「四台八陸一各半」之局。

由於海外華僑一向是國陸的支持者，1965 年

起國陸政權又以特許方式，核發了三張銀行執照，此三家是華僑（1961）、上海（1965）、世華銀行（1975）。台灣金融版圖就這樣大分為三，第一級為：國陸系銀行，包括由中國復業之四行一局及台銀、土銀、北銀等八家；第二級：僑系銀行三家及外商銀行；第三級：三商銀及合庫、台企等五家。

國陸系屬一等銀行，他們均准予承作外匯業務（土銀除外），也包辦留學生小額外匯匯款、公庫、國營事業等業務。僑系銀行屬二等，開業時就可承作外匯。台系銀行屬三等，雖然歷史最悠久，存放款最多，客戶層也最厚，但卻被國陸統治階級視為「非我族類」，不准招攬公庫、公營事業，亦不准辦理外匯業務。三商銀每次申請的回答是「籌備人才後再議」；三商銀之國外部至 1967 年方准設立（外商銀行早在 1959 年，華僑銀行也在 1961 年就已辦理）。海外分支機構之設置，國陸政府亦同樣採取基本上「國陸系可，台系不可」之政策。有一次三商銀遞申請書，申請海外分行，對此央行的一位主管是這麼說的：「他們下飛機東西南北都還弄不清，申請什麼海

外分行」。

銀行業的殖民管理，在李登輝時代開始瓦解，台系金融菁英從此有幸進入國系銀行，也可以到海外設立分支機構，但台系銀行受歧視的痕跡仍在，作為本土之銀行近幾年還在為產業之西進嘗盡歷史之苦汁。

（自由時報　2007 年 4 月 10 日）

股災元凶：RMB

恰好陳水扁總統在台灣人公共事務會（FAPA）二十五周年慶晚宴上提出「四要」訴求的次日，以亞洲為主的全球各大股市幾乎全軍覆沒，台股也暴跌二八五點，跌幅三‧七四％。有人問我，是不是受「四要」之影響，我回答說，「台灣的總統真有這麼大的影響就該慶幸了」。

言歸正傳，稍具國際觀的股市觀察者應都知道，上上週中國股市大跌八‧八％，是此次全球股災的導火線。那天中國市場傳出追查非法交易等消息，引發恐慌性賣壓。之前，中國政府也使出開徵土增稅的撒手鐧，殺得地產股哀鴻遍野，目的就是要維持偏低的人民幣匯率，以期在世界的經貿往來中持續獲得不當利益。

人民幣匯率至 1994 年，貶抵八‧三元對一美元（註：1980 年是一‧五元人民幣對一美元）。拜人民幣之大貶，「Made in China」就變成所向

無敵，在世界市場掠地奪城，短短十二年間，搶進一兆多美元的外匯存底，受人民幣不尋常低估而受害的國家，卻不計其數。1997 年爆發的東南亞金融危機，雖然導火線是在泰國，風暴的兇手卻是「過度低估的人民幣匯率」。

1990 年，台商看準低估的人民幣所營造的超低勞工成本，瘋狂投身中國，使中國的傳統產業製品橫掃東南亞，奪去不少東南亞在歐美的出口市場，使泰、菲等國的國際收支亮起紅燈。國際經貿失衡之火，終於在 1997 年 7 月於泰國爆發，並迅速延燒至東南亞各國。當月筆者就已公開指出，「禍源應是中國，非東南亞」，因立論突兀，當時未獲共鳴。但十年後的今天，筆者論點已廣泛被接受（註：本月 4 日工商時報也在一篇論述中認為，東亞金融風暴背後的真正因素源於人民的大幅貶值）。

2001 年台灣政府開放 IC 產業西進，中國一躍成為資訊硬體的世界王國，人民幣低估的威力進一步侵襲到日、美、歐，去年美國對中赤字更高達二千三百二十五億美元之天文數，「三五黑色星期一」（3 月 5 日）就這樣引爆開來，風暴

範圍也擴及全世界。當日恆生指數大跌七七七點
（四％），日經五七五點（三·三四％），菲律
賓一四二點（四·五四％），各大經濟體的經濟
專家、分析師都在試圖為這波全球股災找出合理
解釋，但又都懍於中國之威力，抓不到核心。有
人還替中國緩頰，將其嫁禍於日圓的利差交易，
所犯的錯誤與 1997 年並無二致。

　　過度低估的人民幣對中國也不是百分之百是
正面的。外匯存底的累積必引發房地產價格暴
漲，股市飛飆，但北京政府仍然不為所動，一直
以各種貨幣政策試圖滅火。因為北京了解，低估
的人民幣是達成中國經濟霸權的不二捷徑，但也
蘊藏了將來更大風暴的火苗。

　　去年 12 月，我國政府再度開放較高製程的晶
圓廠及封測登陸，瀕死中的中國晶圓產業因而得
以復甦。若人民幣低估情況不變（即每年只升三
％），「大中國科技王國」的地位將進一步提
升，世界經貿之失衡將更嚴重，終必撼動世界的
政經生態。保身之道，只有敦促美、日，迫使中
國糾正其人為低估的人民幣匯率。之前，台幣至
少應採只貶不升之策略。「尊重市場機制」雖是

我們匯率政策的最高原則，但面對不尊重市場機制，以鄰為壑的中國，國際對它又無可奈何的情況下，我們自不可坐以待斃，日本也是。

（自由時報　2007 年 3 月 13 日）

如果中華銀行登陸

力霸集團無預警聲請重整，引發了中華銀行的擠兌，三日內被提領逾四百三十億元，一夕間淨值轉為負一百一十八億元，總裁夫婦逃之夭夭，顯然他們已完成預定的脫產計畫，證交所、證期會與金管會都在最後一刻才獲得消息，投資人損失慘重。

不過，有一件事是可以慶幸的。台灣在本土派人士之堅持下，沒開放銀行登陸，未讓銀行在中國設立子銀行，否則在此次力霸集團的資金大挪移戲碼中，台灣全民損失勢必更慘重！

如果，幾年前政府就順應「國際經濟的長河」，讓銀行登陸佈局或以子行型態購買中國小城市銀行，力霸集團當可在一夕之間，將所有在台資產搬到中國，集團在上海的房產也不會止於四戶小套房，而是堂而皇之的「力霸中華銀行大樓」，以「集團上海總部」向在中國的各投資事

業發號施令。中華銀行在中國之授信當然很多是自己的關係企業，能從台灣掏空到中國的資金，當然不止於現在市面所預估的幾百億元，而已是政府RTC所無法負擔的天文數字。力霸中華銀行還可以向北京輸誠，索性將總部遷移中國，與台灣脫離關係，將所有爛攤子推給台灣政府。

如果，登陸的是比力霸集團更大的「金融酷斯拉」，衍生的問題更大。當今的台灣金管會，面對台北的金融酷斯拉已有力不從心之處，有北京撐腰的台灣金融酷斯拉，將視台灣金管會如無物，北京甚至還可以透過這些酷斯拉向台灣政府予取予求！

主張銀行登陸的人士一定會說，「政府有銀行法，有金管會，怎會讓銀行這樣毫無章法？」但力霸事件已充分證明，政府就是這樣沒有金融治理能力。力霸案是在國內醞釀的，期間這些職司金融監理、掌握所有金融資訊的金管會好像不存在，都被蒙在鼓裡，國內尚且如此，若弊案之滋生是在中國，即更不用說了，這就是現實。持「只要監管機制做得好，銀行登陸何怕之有，何須簽訂 MOU，不要處處鴕鳥，不要鎖國，自信

台灣，勇敢迎戰中國」觀點的西進官員、學者，可能需要好好將此次之力霸事件引以為戒，不要再高談闊論「自信開放」吧！

力霸事件也凸顯出銀行登陸之前，雙方政府須簽訂「金融監理備忘錄」（MOU）之重要性。沒有 MOU，台灣的金檢單位就很難正式到登陸的國銀作必要之金融檢查；不能實地檢查，自談不上管理。無 MOU 而登陸的銀行，勢必如斷線的風箏，五鬼搬運隨心所欲，但對台灣的人民、存款、股市即是一大災難，國家的安全亦無法獲得保障。

記住吧，中國是要「以商逼政」、「以經促統」達成併吞台灣的國家，處此環境下，竟然還有從政官員想盡辦法，「務實」推動以民間協商替代 MOU，好讓銀行登陸。此種政策何異於反對軍購的泛藍論點？兩者的終點都是「終極統一」。

請三思！

（自由時報　2007 年 1 月 23 日）

開放人民幣現在是時機嗎？

央行總裁上個月 25 日指出「現在是開放人民幣在台兌換的最好時機」，統派媒體立即大加報導、讚許，蘇揆亦隨著指示規劃人民幣兌換作業事宜。依內閣前月 14 日公佈「登陸投資重大案件政策面審查機制」，18 日就火速通過茂德、力晶半導體八吋〇‧二五微米製程晶圓廠（29 日再開放〇‧一八微米製程）及日月光半導體低階封裝測試廠登陸的政策制定模式推斷，開放人民幣在台兌換只是在等候宣佈日期而已。

開放人民幣現在正是好時機嗎？或許是吧。人民幣走升，在美國的壓力下，已是無可避免，此刻開放在台兌換人民幣，大家正可保留一些人民幣，一年可以賺得三％至五％的「匯率錢」（註：這是北京所計畫的年升值幅度），亦即到中國玩，再帶二萬人民幣入境，每年穩賺四千台幣，二年八千元，這就是俗語說的「摸蜆仔兼洗

褲」，確實現在是最好時機（註：有錢人才能玩這種遊戲）。只是國人結匯更加方便之後，以每一個人回國攜帶二萬人民幣計算，四百一十萬人次（民國94年赴中國人次），一年應會有八百二十億人民幣（折合台幣約三千四百億元）流進國內等待升值，相對減少國內之消費與投資，對已游走在低經濟成長的台灣言，無異是雪上加霜。

銀行也會握手慶幸，不但可穩賺兌換生意，越多國人死藏人民幣越能減輕銀行「超額存款無處放」的苦惱。反正政府「拚開放」政策下，企業都已到中國投資了，國內投資率已低到只剩十九％，銀行怎麼樣也找不到要擴充設備、週轉性資金等的企業貸款對象（註：這也是銀行吵著要登陸的主因之一），此時開放人民幣兌換業務雖然幫助不大，還是可以紓解一些壓力。但這種腳痛醫腳的方法，絕非對症下藥，只是一時逃避問題的止痛藥而已。

有人認為人民幣全島兌換是陸客來台的必要配套措施。其實不然。對台、日關係較多關心的人應都知道，民國五十、六十年代，台灣的主要觀光客是日本人，但這二十多年的時間，我國央

行（政府）並不允許國內外匯銀行買賣、兌換日圓，即使解嚴後的民國 78 年（1989 年），外匯交易中心、外匯銀行所掛牌的有美金、港幣、新加坡幣、英鎊、馬克等，獨欠日圓，當然也就沒有日圓在台兌換業務。但當時政府對日圓的歧視，並沒有使日客卻步，日本客一直是台灣最大觀光來源之一。可見開放人民幣在台兌換與陸客來台之關連性不大。

是以，此刻開放人民幣之兌換，筆者認為對台灣整體經濟言，是弊多於利，利的部分是國人可以更方便的賺到「匯率錢」，但卻會增加國人對人民幣之投資，相對排擠國內消費、國內投資，一方面對推動中國客之來台消費卻極為有限，結果是只讓有錢人賺錢，卻苦了一般低收入的老百姓。

但筆者也不是那麼堅決反對，因為它雖然弊多於利，其弊是一時的（即人民幣升值期間），其對我國國內投資之排擠，若與晶圓測試之開放、銀行登陸相比，還是小巫見大巫，因為開放晶圓測試、封裝、○・一八製程對台之衝擊是永續的，會使中國的半導體產業聚落更為完整，技

術更為提昇，誘使更多台灣周邊企業對中國之投資，反過來終極打垮台灣半導體產業。失去「矽盾」的台灣，即難逃被併吞之厄運。

　　令人納悶的是，民進黨政府為什麼不想在「科技保護法」之立法、「自貿港區條例」條文之修改（如原住民條款）、特定區外勞政策之檢討、重大投資案件障礙之排除等等急待克服之國內問題上多花點功夫，謀求突破，卻汲汲然僅對中國投資、中國政策之開放，表現其莫大之興趣？難道統一才是民進黨的終極目標？奉勸政府如真的想在 2008 年得到想要的成果，即現在還不是開放人民幣兌換的良好時機。

（自由時報　2007 年 1 月 2 日）

經續會啟示錄

近幾個月來，台灣股市行情大好，股友們無不笑逐顏開，股市分析師之選股再次顯靈（註：牛市時分析師選股九十％都會對）。但當錢進口袋之時，也請務必回顧一下此次牛市形成的原因與過程。

今年 5 月，政府聽從親中媒體之言，為滿足企業雄飛中國之大夢，開始積極籌劃經續會。相信大家都已耳熟能詳，「兩岸關係有所突破，台灣經濟才有前途，台股才有生機」一直是統派媒體及「唯中派」分析師掛在嘴邊的口頭禪。當然泛藍及統派媒體是不會放過這一大好機會的，他們動用了一切力量，強調：「若想在經濟有所突破，政府必須鬆綁對中國之投資，改善兩岸關係」，並要求政府立即直航、開放銀行登陸、解除四十％投資中國上限規定。被泛藍魔咒所催眠的政府也依此定下經續會的議題及解決方案。但

股市不因鬆綁之消息而大漲,反而引發了一股賣壓,7月17日以六二三二點的低價收盤,比年初的六三七八點還低了一四六點。

7月初,經續會分組會議陸續登場,十七日過後,財金組及兩岸組的各議案結論亦漸趨明朗,不顧國家主權、危及經濟安全的西進議題,在台聯及本土派民進黨學者之力阻下,紛紛鎩羽。但奇妙的是,股市卻從此步入了安定的坦途。顯然資金不再大量外流,對股市言,是一帖安定劑。

台灣的經濟是否如統派所指「自外於中國,台灣必黯然無光,外資必棄台而去」?事實之演變恰恰相反。7月底,台灣指數已穩住於六四五四點,與當月的17日相比,回升了二二二點,8月外資一反過去的賣超,改為買超,買超金額達七百三十六億元,9月29日渣打銀行宣布將砸下新台幣四百億元,收購新竹商銀五十一%到全部的股權(註:是經續會否決了銀行登陸之後)。「不鬆綁,外資必拂袖而去」的謊言不攻自破。

10月外資繼續在股市買超,金額為五百八十一億元,11月再度擴大為一千二百三十三億元,

也就是說，自 7 月經續會的銀行登陸、四十％上限規定、直航等案紛紛被否決後的四個月，外資買超高達三千三百三十八億元，除渣打案外，也促成了花旗對僑銀、日資入主安泰銀等之大案，連國際私募基金也開始大膽來台叩關。上月（11月）24 日凱雷集團宣布將以每股新台幣三十九元收購日月光的股權，金額更是高達二千一百億元，手筆之大，顯示對台越來越有信心，可見他們所著眼的是整體的發展遠景。

　　經續會經驗再次告訴了我們，政府要努力的不是如何去迎合中國之要求、或台商西進之欲求，而應是如何改善國內環境，讓本土資金生根於台灣，投資於台灣。民進黨政府務必擷取 2001年「積極開放」後的痛苦經驗，六年的產業之外移、實質薪資所得之縮水、民間之疾苦均由此而來，「開放之狂歡」只是暫時的，企業的利益不盡然是國家及全民的利益，國家需要企業，但企業不能不顧國家與人民。只要政府拿定主意，不再苦思於兩岸關係之新的突破，聚精於國內，則台股必有令人驚喜的大行情。

（自由時報　2006 年 12 月 5 日）

跨國併購凸顯台灣價值

最近台灣的金融、資本市場好事連連，9月渣打銀行砸下四百零五億元收購竹商銀，銀行股行情水漲船高。上週凱雷集團（Carlyle）也宣佈將以每股三十九元收購日月光百分之百股權，金額高達二千一百億元，台灣半導體廠在美國股市之存託憑證無不爆量上漲，使台灣整體半導體業市值一夜增加數千億元。

整體經濟之表現也可圈可點，尤其「放寬四十％投資中國上限、銀行登陸」等案，在7月的經續會受到台聯及本土派學者代表之反對而紛紛鎩羽之後，日趨穩健。加權指數穩步上升，前週末達七四二七點，與經續會前夕的六二三二點相比，漲幅達二成。此次凱雷的收購案，即使日月光為此下市（註：應不會），對台灣言是二千一百億元新資金之挹注，是股市動能之提升，雖然上市公司減少一家，但日月光原股東換得的現金

還是會加碼其他股票，抬高價碼，讓台灣股市本益比上升，提升台灣股市之集資誘因，而有利於整體股市之發展。

9月渣打銀行收購竹商銀，為的是中國台商嗎？當然不是。渣打所著眼的是台灣的金融市場，因為渣打之決定是經續會否決了國銀登陸之後。若真的在意於中國的台商業務，渣打大可收購盤踞於上海的台資銀行，無需犧牲四百零五億元的鉅款。同理，凱雷此次收購日月光，是看中了日月光在台之製造技術與其前景。凱雷總經理Zeluck說得很明白：「日月光大部分獲利來自於台灣的營運，日月光在台灣還有很大的成長空間，凱雷併購的對象當然是要選擇最大、最好的公司。」所以國人必須感謝政府之戒急用忍，正因有了四十％投資中國上限之制約，日月光才能安心生根於台灣（若無此規定，大家都去中國，日月光也早去了，非去不可），讓技術提升，贏得全球最大封測廠之光環及凱雷最高的評價。凱雷為什麼不去併購數以千計在中國的資訊台商？因為他們所投資的都屬「准許類」，均已深陷於拚量的中國市場漩渦中失去了魅力，「俗俗賣」

也沒人要的。

換言之，凱雷併購日月光是對台灣過去政策的一種肯定，對台灣資本市場之影響是正面的。但奇妙的是，自從凱雷發表收購日月光之日起，兩大中國派系媒體即連日以「西進受限，日月光突圍求售」、「台股失血」等特大標題，針砭政府「投資中國四十％限制」的護台興邦政策，其狂妄之程度幾可以歇斯底里症來加以形容。當沒人來併購時，他們曾說，就是因為「對中國有種種限制，沒人要」，當有人來收購，又說是因為「政府對中國有種種限制，企業藉此出走」，反正就是靠著控制媒體之優勢硬拗。他們為什麼這麼瘋狂、這麼在意於這四十％上限呢？因為四十％投資中國之限制阻礙了他們「終極統一」的美夢。他們眼看四十％上限實施數年之後，效果逐漸顯現，尤其經續會傾向不鬆綁後，台灣經濟正朝正面發展，對主張西進、兩岸經濟統合的統派言，是一大威脅，急需予以醜化，迫使政府轉換政策。

偏偏「看報治國」又是六年來民進黨政府的特質。據報，政府已有意對四十％問題作政策性

之妥協。收購、合併、下市真的與四十％有關係嗎？幾年前英國的匯豐銀行收購了美國的 Marine Midland Bank, Marine 因此自紐約證交所下市，這種情況俯拾皆是，是很正常的運作，難道這也是美國企業被迫背國而去，紐約證交所因而失血破滅收場？

請統派媒體不要再硬拗了，也請政府不要把「功臣」視為「漢奸」，將「進血」誤為「失血」，貽笑國人。

（自由時報　2006 年 11 月 28 日）

銀行登陸的惡性循環

「銀行業不能關起門當皇帝」，這是新成立的永豐金控董事長何壽川接受採訪時說的話。他接著說，「國內金融機構受到製造業外移與市場規模不足兩因素影響，正面臨著利潤微薄的困境，若登陸延後，銀行可能被迫賣產」。筆者相信這是一位銀行業老闆面臨經營困境，而眼看中國有很多商機（台商）時的一種感受，說成「肺腑之言」亦未嘗不可。

但銀行業登陸就能弭平當今銀行經營之困境嗎？結果將恰恰相反，最多也只是「收之東隅，失之桑榆」，且失的遠比收的多，多到可能斷送銀行，甚至國家之命。何故呢？

何董事長在專訪中也說得很明白，台灣金融業之所以會面臨經營困境，是「受到製造業外移中國」。申言之，就是因為產業外移，關廠的關廠，沒關廠的則縮小規模，一大部分的投資都到

中國（累計投資中國金額已超過三千億美元），銀行當然找不到要借款的客戶。這一點，可以由我國貨幣供給增加率（M2），自 1990 年開放國人赴中國投資後，由年平均二十・八％（1980 年代）一路下滑至 2000 年的六・五％，2002 年更進一步萎縮到二・五八％得到印證。因企業的國內資金需求不多，放款自然推展不易，僧多粥少，爭貸之下利潤當然日趨微薄。

　　癥結在此，正確藥方即應是多方合作「推升國內投資，減少廠商外移」，把國內的餅做大，以做大之餅（放款市場）徹底解決大家爭分小餅的困擾。這才是永保銀行經營生機的根本辦法。

　　遺憾的是，卻有人主張讓銀行登陸，拓展對中國台商授信，以解決銀行閒置資金。乍看之下，言之成理，但銀行之所以產生閒置資金又正是因為產業西進中國之結果。是以進而對這些廠商給予融資，則無異協助廠商西進，鼓勵廠商加速外移，就會更進一步排擠國內投資，減少國內之授信需求，更糟的是，國內投資減少更會惡化國內投資環境，進而製造打不完的呆帳，侵蝕銀行資本，惡性循環下，必斷送銀行命脈，甚至終

結整體經濟之生機。換言之,以「銀行登陸」解決閒置資金的作法是「飲鴆止渴」。

目前已有超過半數的國銀在海外設立二一二個據點,海外盈餘比重超過二十%者,也有包括一銀、華銀、中國商銀、國泰世華等十三家。的確,台灣的銀行在海外仍有拓展的空間,其國際化程度仍有提升之必要,但若說只因沒有中國這一塊,就是「關起門當皇帝」,則明顯是被一些媒體的「唯中國」思維所誤導了。

筆者當然了解,中國這一塊當前確有商機,但商機也是危機,而且它是致命的,請主張銀行登陸的人務必看看本月15日自由廣場「從日銀教訓談金融西進」這篇文章。畢竟台灣經濟規模只是美國的三十分之一、日本的十九分之一而已,「壯大台灣」才是解決當今銀行困境、經濟問題之核心。

(自由時報　2006 年 11 月 21 日)

再論「台灣的金融業看不到未來」

一個月前的事了，經濟學人 EIU 提出有關台灣的調查報告，認為台灣的金融業看不到未來，因為台灣選擇閉關自守，內部相互糟蹋，筆者於 8 月 8 日在「自由廣場」回應表示，「或許 EIU 所指台灣金融業看不到未來是對的，但它非肇因於閉關自守，產業西進才是禍首，銀行是本土性很強的產業，只要企業增加對台投資，減少對中國之挹注，則國內資金需求立刻增加，銀行經營之種種困境必迎刃而解」。

三個星期後（8 月 29 日）一位金融大員在經濟日報引述了一則寓言：「一位科學家訓練跳蚤聽令跳躍，在科學家一聲令下，該跳蚤可躍過人類手指，接著科學家切除跳蚤前肢，再下令，跳蚤仍可勉力跳過，科學家再將其餘腳肢去除，再度發令，跳蚤即無法動彈，於是科學家下了結論，跳蚤失去腳肢，就喪失聽覺」。大員以此比

喻金融業（指跳蚤）看不到未來（不再跳），是因為政府（科學家）不許金融業登陸（切除腳肢），使其喪失競爭力（不能跳），並以此提醒不要誤判原因，結論是：「EIU 沒錯」。

筆者非常佩服該金融大員所引用的比喻。但我們也可以用另一角度來看這一寓言且更為傳神。即「跳蚤（台灣金融業）經訓練已能跳躍人類手指（如 1980 年代台灣金融業大好），之後科學家切除跳蚤一對前肢（比喻 1990 年代初期傳統產業出走，金融業失去了部份業務），但跳蚤還可跳躍，科學家再切除其餘前肢（傳統產業後，高科技產業也出走），再度發令，跳蚤已無法動彈（因產業空洞化，銀行失去動力）」，也就是「金融業（跳蚤）看不到未來（不再跳）是因為西進過度，台灣的產業因此空洞化（即賴以跳躍的六腳被切除），使其喪失競爭力（不能跳）」。結論是，若想讓它有未來，就是投資台灣，振興產業。猶如跳蚤有了健康有力的腳才能跳躍。

何以同一寓言會有不同的詮釋呢？因為各自所站立場不同。筆者以台灣為主體看世界，而 EIU

（及認 EIU 沒錯的）即以中國為主體看台灣，即所謂的「中國經濟觀」。以「中國」來看台灣產業之西進時，西進是好的，也能滿足個別企業的需要，故而認為「政府無須也不應予以阻擋」，即使投資中國已過多，已過於集中，也會找出各種理由，說對台灣還是好的。

但若以台灣主體做思維，就不同了。台灣主體觀者必會務實地觀察西進對台灣整體經濟之影響，而發現中國熱雖有利於中國，但卻使台灣失血、經濟失速、勞工失業、企業不升級，不利於整體之台灣，因而傾向主張作必要的規範（如反對解除四十％之限制）。

對金融問題之看法亦然，若以中國為主體，就會認為產業西進，金融業當然也要西進，台灣金融業不能沒有中國。但以台灣為中心思考全球佈局，就會注意到銀行登陸對整體台灣經濟之衝擊、投資已過度集中於中國等問題，而達「只要投資台灣優先，金融問題必迎刃而解」之結論。

台灣的金融業真如 EIU 所言沒有未來嗎？感謝本土派學者及台聯，因你們的堅持，在經續會擋下了西進的各議案，使台灣有未來，渣打才敢

看不到台灣銀行業的未來？

經濟學人EIU駐香港亞太區研究機構日前提出有關台灣的調查報告：預估未來十五年台灣的經濟成長約在三％的低水平，並認為台灣的金融業看不到未來，因為台灣選擇了閉關自守，內部相互糟蹋。筆者在某種前提下（如台灣對中國投資仍維持 GDP 二％至五％的超高水平）認同 EIU 之看法，但對台灣金融業為何黯淡，經濟成長率為何殿後，則有完全不同的解讀。正如俗語所言：「如入鮑魚之肆，久而不聞其臭」，久居香港之後所看到的天下，自然也偏向從「非國家」的香港出發，與從「尋求國家主權」的台灣所觀看的經濟因果關係有相當大的距離，甚至截然不同。

以金融業來說，台灣與中國何者的金融業自由度高？答案當然是台灣。依國際研究機構之評比，若將星、港「城市經濟」除外，台灣是亞洲

經濟自由度最高的國家。台灣金融業對全球是開放的，為何只因對不友好的中國有所限制，就被指為「閉關自守」？顯然評論者已完全融入於香港觀點，以中國為思維中心，忽略了台灣的國家安全與主權正受中國威脅的客觀事實。

台灣的金融業（尤其是銀行業）真如 EIU 所指，看不到未來嗎？或許 EIU 所指是對的，但它與「閉關自守」無關，亦非因內部之相互糟蹋，而與台灣經濟成長率之下降有關（依 EIU 之預估，未來十五年平均只三％，若台灣持續以年 GDP 之二％至五％資金挹注中國，筆者也同意此預測）。銀行業是本土性很強的產業，與國家經濟密切關聯，以日本為例，1980 年代日本的銀行稱霸了全球，幾乎要買下美國的美國銀行，可是 1990 年代日本經濟停滯後就完全失其雄風，不得不從國際市場全面撤退，亦即只要本國經濟崩盤，銀行必首當其衝。台灣 2000 年前後的呆帳危機也是房地產價格下跌、企業倒閉的結果，換言之，台灣金融業是否有未來，端視台灣的經濟成長能否恢復過去的六％至八％水準而定。

當今台灣銀行之經營確實相當艱苦，日前有

一些大型銀行拒收長天期的定存，引發存款者的抗議。問題是為什麼銀行會拒收存款？因為所收的存款找不到借款人。過去國內投資率高，企業對資金之需求隨之旺盛，銀行所收的存款不愁沒有出路。但 1990 年開放對中國投資後，情形就大不相同，投資活動由高峰下滑，銀行放款年增率隨之節節下降，2001 年的積極開放更使國內投資率進一步下滑至十七％，企業之放款需求急遽萎縮。僧多（存款）粥少（放款）下利差日趨微薄，利潤自然難予提升，顯然產業西進是當今銀行業困境的根本原因。

解鈴還需繫鈴人，解決銀行經營之困境當然必須針對其病因對症下藥，即必須自「提升國內投資」開始（註：有人建議讓銀行業登陸融資台商，但這是下下策，只會衍生更多問題）。起碼第一階段也要把國內投資率提升至「積極開放」前的水準（約二十五％）。船到橋頭自然直，只要能把台灣的平均經濟成長率提升到過去之六％至八％，一切問題就迎刃而解。

奉告台灣同胞，我們無須因 EIU 對台之不良評價感到氣餒。自助而後人助，只要台灣能做到

準國幣與胡錦濤同志

此次「經續會」確產生不少插曲，似是無關宏旨，卻也呈現了當今台灣正在流失的國家認同。在兩岸組的一次座談會上，某台商代表制式地以大嗓門數落了台灣政府的種種不是，之後不經意地溜出了一句「胡錦濤同志」，雖然尷尬地作了修正，但這正凸顯出中國的台商生活及思維規範業已高度融入並接受中國政治教條的事實。生活越久，融入及同和的程度即越高，這是人性自然的過程，不足為奇。問題是，由於規模（人口、土地）懸殊，政治制約力之不同，中國在此融合過程中經常是優勢的一方，台商即是被臣服的劣勢一群。中國當然也不會錯過這一絕好的優勢地位，幾年前就已有計畫地組織了台商，促進台商在各地成立台商協會，將其控制在北京的領導之下，遂其「以商逼政，達成統一」的目標。「胡錦濤同志」一句只是台商在中國之制式語

言，不經意複製在台北而已。只要政府的兩岸政策（主開放）持之以恆，不出幾年，此種稱謂在台灣將不再是口誤，而是台商向北京輸誠的必要條件。回顧「動員戡亂」時期，投資中國曾是資匪的殺頭重罪，但僅十幾年的歲月演變，現在他們可以堂而皇之地回來參加經續會，還可以嗆聲說：「誰不愛台灣」！

　　此種認同的危機，也產生在經續會的另一場合，為了迎合第一類中國觀光客來台，我方旅遊公會提出了將人民幣視為「準國幣」開放自由兌換的要求，雖然後來解釋係純粹的筆誤，但還是很難令人折服。其實我國旅遊業之自毀國格已不是新鮮事。去年中國接待台灣旅客四百一十一萬人次，未聞他們的旅館曾懸掛中華民國的國旗，我國國旗在國際場合亦屢遭中國打壓，可是日前電視上即有中國旅客坐在插滿五星旗的遊艇上，遊覽日月潭的鏡頭。或許這只是生意的噱頭，但經商之道多得是，何苦用這種奴顏婢膝的醜態來攬客？五星旗遊艇既然不成問題，「準國幣」之發想也就不足為奇了。只是「準國幣」即已非單純的攬客噱頭，而已進階到「認同」的問題，要

把「人民幣視為準國幣」的思維，幾乎等於視「中國為盟國」，甚至是祖國的層次。當然我們也可以將其視為「一時的錯亂」，但「一時的錯亂」可能也是「永久錯亂」之開始，嚴重下去，可能也是國家滅亡的前奏。

　　台灣會不會亡國？請不要錯估「準國幣」與「胡錦濤同志」所呈現的深層危機，只要當今政府的「積極開放」、「有效開放」、「自信開放」政策不改，國家認同的錯亂必會隨著兩岸經濟之統合而深化下去。當錯亂（視中國為祖國）變成正常，正常（認同台灣為母國）被視為錯亂之時，也正是台灣這一國家消亡的時候。不要說這是癡人說夢或杞人之憂，危機確實已迫在眉睫，以此次會議言，明明是「台灣經濟永續發展會議」，明明我國對中國依賴已高到難以置信的程度（投資已占海外投資之七十一％，累計投資已達三千億美元，中國台商去年在中國之產值，幾已與台灣去年 GDP 相同），兩岸組所討論的，卻盡是如何更加對中國開放，政府如此的是非不明，若說不是「錯亂」，還能算是什麼？

　　　　　　　　　　（自由時報　2006 年 7 月 27 日）

金管會的魔術

存了定存一萬元，經過十年合計拿到千元利息，高興的說「利息不錯呀！有十％」（即一千除一萬等於十％），我國金管會是這麼說的。這種說法你接受嗎？因為十年一千元是一年只拿到利息一百元，年利只一％。

幾個月前，金管會特地對上、市櫃公司投資中國資金回流情形做了分析，宣稱：「到 2004 年底，上、市櫃公司累計匯出金額為四千一百六十一億元，投資收益累計匯回金額為三百零四億元，匯回比率七・三二％，顯見上市櫃公司匯回率並不差，可適度掃除只去不回的疑慮」。乍看之下，匯回率真的不差，所以大家不要再怕資金外流中國了。這就是心向中國者對台的魔術。事實是匯出金額四千一百六十一億元等於分期存入的定存已存了十年多，收益匯回金額三百零四億元是歷年收到的利息（不是每年都收到三百零四

億元），所以若計算其存款積數，上、市櫃公司投資中國的匯回收益率只〇·七七％，連一％都不到，這樣低你滿意嗎？

　　金管會的魔術尚不止於此，日前又出了另一說帖說：「外資銀行到中國開設一家分行，依辦理業務範圍之不同，投資之最低營運資金為人民幣一億至五億元（約新台幣四億至二十億元），我國符合登陸之銀行現有十三家，各設一家時投入資金為新台幣五十二億元（即四億乘十三家）至二百六十億元，約佔全體本國銀行淨值總額新台幣一·七兆元之〇·三％或一·五％」，金管會如此說法，明眼人都知道它是站在何方？問題是每家金控到中國是只設一家分行嗎？（若開放，可預料十三家金控都想到北京、上海、深圳等地設分行），開業那一天或許只匯一億人民幣作營運資金，但往後業務每增加十二·五億人民幣（放款），總行還得分給分行一億人民幣（台幣四億元）做為資本。當該分行資產，即放款達一百二十五億人民幣時總行就得供給該分行十億人民幣（四十億台幣）資金了。五個分行就要新增二百億元，約占該金控淨值四十一％（台新）

至十％（台銀），亦即五年後，十三家金控平均設五家中國分行，規模約一百二十五億人民幣，則台灣十三家金控在中國的資產將是八千一百二十五億人民幣（三兆二千五百億台幣），所需總行淨值為二千六百億台幣，對台灣的金融資源之排擠至深且鉅，能不重視嗎？

金管會的說帖又說：「依據以往外資參股中國國內銀行案例分析，取得中國國內城市銀行二十％股權，約需投資一億美元（約新台幣三十二億元）。新台幣三十二億元約占符合設分行資格十三家銀行中，資本規模最大台灣銀行淨值二千零四十八億元之一・六％，資本規模最小台新銀行淨值四百八十億元之六・七％」。言下之意，經續會應以「更開放」之心境放行台灣的十三家金控參股中國之地方城市銀行，難怪次日工商時報也說：「金管會雖未言明立場，但顯然欲以數字自己說話，讓台灣的銀行到中國投資」。

問題是參股二十％有何意義，夠嗎？如果要增至五十％，所需投入資金就要八十億元，占去台新銀行淨值四百八十億元之十七％，而且投資的對象還是小銀行而已。若十三家金控都到中國

控制一家中國的小城市銀行，所需花去的淨值將是一千零四十億元，也會使台灣減少一兆三千億元的金融資源（一千零四十億元乘十二・五，因銀行每一元淨值約可做到十二・五元業務）。金管會似乎忘記了銀行的國外分行、子銀行的資產負債最後都得納入合併報表之內，計算其資本適足性比率的所謂 BIS 要求，也就是說任何金控在中國之業務擴張（放款）都會降低國內金控的 BIS 比率，若要維持此一比率於八％之上，就得相對減少其他地區（包括台灣）的授信額度。

換言之，若在此次經續會，金管會將國銀登陸予以放行，五年內（即十三家金控各設五分行、一子銀行）將會排擠掉台灣金融資源約四兆五千五百億元，占我國金融資源約十八兆之四分之一，對台灣之經濟永續、國內投資將有難以估計的致命性打擊。畢竟台灣還不是經濟大國，國內總生產毛額（GDP）去年也僅達三千四百六十億美元，僅及日本之十四分之一，美國之三十五分之一，我們也不是新加坡的都市國家，現在還不是奢談銀行服務業出口之時候，如何先投資台灣，壯大台灣，才是能讓台灣二千三百萬人民得

以分享台灣經建成果的務實、也是唯一的方法。財團之雄飛中原，只會拉大台灣城鄉之差距，降低人民的所得（最近幾年薪資階級的實質所得不但未增，反有減少之勢），絕非經續會所應追求的目標。

何況，中國是全球唯一明言要併吞台灣的敵對國家，翻遍世界歷史，未聞一個國家的政府會鼓勵或允許銀行到敵對國家去拓展業務的。總統也說，經續會必須符合「增加投資台灣、創造就業機會、拉近城鄉距離、縮短貧富差距」四個指標，看來總統確已清醒，但行政單位昏迷如故，心中仍然在織中國的大夢。

也奉勸我們的金控，五十年前台灣落後日本十幾年，落後歐美更是數十年，但台灣還不是起來了嗎？也就是說，只要台灣在，商機到處都有，何時都會存在的。

（自由時報　2006 年 7 月 27 日）

第二次金改的迷思

主要金控的獲利情形近期起了大變化，有些金控受雙卡風暴影響，從績優生掉到放牛班。此一結果，讓我回憶過去公營行庫績效不如民營銀行的一段歷史。或許外國的月亮總比台灣圓，本國銀行（1990 年未開放民營銀行前）的服務及績效一向被認為不如外國。但筆者在美、英待了一段時間，親自成為外國銀行的客戶後，反而覺得他們的服務不如台灣，領錢要排長龍（在台恐早被客戶罵死），算鈔更是令人不敢恭維（當時還沒有點鈔機），借款要簽一堆書面契約。我的結論是，台灣的銀行服務不比外國差。

1990 年，新的民營銀行出現。一開始，每家新銀行的分支機構只不過十幾家，但他們就已集寵愛於一身。有一天，財政部官員來視察，席間指責公營行庫服務不如人家，他舉例說，財部接到民間訴苦電話公營約為民營的一倍，業務缺失

報告件數（絕對數）也是公營行庫多。當時我心裡想，「公營銀行的客戶數是民營銀行的十幾倍多，訴苦電話當然多」，但也不敢反駁，因怕一反駁明年要增設的分行就飛了。為此我親自裝成客戶，到分行去測試服務態度，當然不能令人滿意，但民營銀行也差不多，幾天下來的結論是「公營、民營的服務一樣差」（有一家民營銀行是比較好）。

最令人難以釋懷的是，以 ROA（資產獲利率）表示的經營績效，民營銀行的確很不錯，公營的老銀行就因此成為眾矢之的。問題是，指責者對公營行庫背負的政策犧牲卻一字不提（如災害特別融資、紓困、配合政策的代收稅款等）。最使公營大行庫動彈不得的是「員額編制」。明明業務在增加，也要配合政府精簡人員，因要推信用卡、消費性貸款等新業務還得增加人員，也只好垂涎三尺，讓外商及新銀行獨霸天下。「廠商西進」對省屬行庫是致命打擊，因為這些老銀行在省議會及政府政策要求下，均以中小企業為主要授信對象，每年政府都有提高對中小企業授信之政策要求。但 1990 年後的產業西進使台灣的

中小企業，去的去、掏空的掏空，老行庫的逾放隨即飆高，此刻專供消費金融的新進銀行充分利用「委外催收」的利器，謳歌高利潤、低壞帳的經營奇蹟。公營老銀行就成為無效率、舊價值的代名詞，外商或民營銀行的經營者即成為天之驕子，進而指導老銀行如何砸下數億元，聘請外國專家來念經。

　　但這些都過去了，由於企業西進，民間的痛苦指數逐年上升，外商及新銀行賴以顯耀的三種神器（消費金融、委外催收、只服務特殊客戶）迅速鈍化，卡務終於遇到卡奴以生命為賭注的反撲，獲利排名開始大洗牌，績優生之風光似已不再。

　　不過，或許這也是新的開始，新銀行的卡債問題年底前應可解決，得以重新出發。另方面，十多年來被產業西進所困的老銀行，現亦脫離了公營的桎梏，績效獎金、組織改造、員工採用、人事升遷等企業經營該有之權力，亦逐漸由議會、政府獲得解放。現在老銀行、新銀行、外商之立足點漸趨一致，應是公營、民營、老銀行、新銀行公平起跑之開始，也正是政府可暫時擺脫

股市動能的解讀與誤讀

近幾個月來台股表現亮麗，乘國際股市之反彈，一舉大破七一〇〇點，創五年半來之新高紀錄，由 3 月 23 日之反彈點起算，指數足足上漲了近七〇〇點，若從去年 10 月五六一八點之低點起算，漲幅更是達二十七％，指數添高了一五五〇點。因筆者早就認為此波漲勢絕非一時之興，是以在本年 1 月 5 日的自由廣場即以「積極管理、股市萬歲」分析了今年我國股市生聚養精，即將開花結果的來龍去脈。或許我們必須感謝蠻橫中國的「侵台授權法」（反分裂國家法）。有了它，才能迫使陳總統去年 4 月對兩岸經貿提出「無有效管理寧不開放」的政策，使炒了近二年的高階製程晶圓、封測、石油裂解等之登陸問題胎死腹中，雖然 2001 年間「積極」開放的產業仍在滴血，但台灣產業的主將卻能因此定心落根，奠定了本波牛市的穩健基礎，讓台灣股

市能積聚充分動能，跟隨世界股市回復生機。

可惜，上述正軌的基本面分析，由於泛藍親中媒體之偏頗，至今仍不見光日，充斥於市面的，反而是以「中國經濟觀」為主導的「台股中國觀」，這群人把這幾天台股之表現套上大中國意識形態，將其歸功於「國共論壇」之點火，完全忘記了台灣波行情是自去年10月即已啟動的事實。「蘇修」效應的說法更是離譜，因他們所指的起漲點3月23日，正是蘇內閣發表積極管理新措施，重大登陸投資需政策面審查之日子，依中國經濟觀之邏輯，應是台股中、長期熊市之起點，那來牛市行情。

一般言，影響股市層面的有二，一是基本面，另一是消息面或稱信心面。台灣能否留住企業，投入更多資金，即是左右基本面的最主要因素。不管泛藍喜歡不喜歡，經驗告訴了我們，戒急用忍、積極管理就是提升此基本面的不二法門（註：1996年戒急用忍後，股市衝上萬點），無它，股市則必下跌（如2002至2003年的熊市）。消息面與基本面不同的是，它對股市之影響是一時的，且易受媒體意識形態及不實資訊所左右。

若是正常的國度，消息面與基本面除一些偶發事件外，以相輔相成者居多，但台灣卻相反，台灣的消息面與基本面經常是相剋的，因為對持有「中國經濟觀」的媒體及分析師來說，改善台股基本面的戒急用忍或積極管理是水火不容，去之而後快的「脫中國政策」，對此等政策之報導自然以負面居多，成為親中媒體唱衰台灣的主要動機。反之，對中國經貿之任何開放即必給予至高的評價，將本月 20 日指數飛躍七一〇〇點解釋為「蘇修」效應就是此種意識形態之傑作，聽聽尚可，但絕不可以信以為真。

我們也希望在朝的官員同樣不要被此等錯誤的統派解讀所誤導，誤將消息面視為基本面，專鑽「擴大小三通」、「台商融資」、「人民幣兌換」、「專機直航」等的小動作，以為這樣可以延續股市熱潮，但若因此忽略了積極管理，重燃中國熱，則不僅無助於基本面之提升，反而偷雞不著蝕把米，只會損耗過去一年好不容易才聚積的股市動能，不可不慎。

（自由時報　2006 年 4 月 27 日）

資金外流，股市失色

儘管菲律賓政局動盪不安，政變傳聞不斷，週二的菲股還是大漲了一％，收在二一八五‧七一點，創下七年來的新高，可見只要基本面好，政局的紛紛擾擾並不影響股市的盤勢。同樣，曼谷街頭也是連日來均有民眾抗爭遊行，泰國股市仍然泰然自若。

可是，年初一直被看好的台灣股市，週二卻又破了六五〇〇點關卡，再一次套牢了不少外資與散戶。今年以來，外資對台股仍然買超，金額也達二十九億美元，遠高於對南韓的十三億及印尼的四億美元，對菲律賓更僅買超一億多美元。台股怎會令人失望呢？

統派當然不會放過這一機會，將扁政府的「積極管理」與「終統」修理一番，並利用媒體霸權地位直指為台灣股市下挫的元兇，但若從菲律賓及泰國之例予以觀察，這些指控是毫無道理

的。那麼真正使這次股市跌破分析師眼鏡的元兇是什麼？其實答案都寫在西進派媒體近幾天的報導上面了。

週一（3月20日）工商時報第二版有下列報導：「台灣的民間投資不振，投資率今年將降至十九‧五％，南韓的投資率仍達三十％，日本的投資率也達二十三％」。的確，我國的投資率實在太低了，低到無法想像。問題是，台灣的企業真的沒有投資意願嗎？答案是否定的，他們只是投錯地方而已。次日（3月21日）經濟日報也有一則報導說：「投審會今年1、2月對中國投資核准金額較上年同期增加三十一‧八八％」，顯示我國廠商的投資中國熱仍然熾熱。奇怪，1月1日陳總統不是說要積極管理了嗎，為何還增加？更怪的是，投審會還大言不慚地說：登陸審查不緊縮！於是答案出來了，即「資金持續外流，股市焉能起色？」

大家或許很好奇，我國對中國的投資到底有多少？依美國國會的一份報告，過去十五年我國對中國之累積投資金額為中國所接受的外國直接投資金額的一半（即約二千八百億美元），亦即

平均每年投資金額為一百八十億美元，若以增加三十一％的速度計算，今年資金外流中國之金額將會是二百三十多億美元（台幣約七千四百億元），約合我國國內總生產毛額（去年為三千三百一十億美元）之七・四％。換言之，如果廠商不西進，將投資中國之部分投資台灣，則我國的投資率將會達二十六・九％（十九・五％加七・四％），接近南韓的三十％，回復到正常國家之國內投資水準（註：此一還原推算，引證了美國國會一份報告所陳述的數據是對的，絕不離譜），我國的股市亦會如南韓股市一樣，早在去年就已突破歷史新高（註：我國股市之歷史高點為一二六八二點），平均國民所得也早已突破二萬美元，股票族之生活將會是豐衣足食之境，只要政府能夠在陳總統元旦文告後劍及履及提出「積極管理」措施，降低對中國之投資，提高國內投資，局面亦會改觀，外資必不會套牢，股票族也會眉開顏笑。

臨淵羨魚不如退而結網，國人若真的想在股市有所斬獲，還是督促政府趕快拋棄「西進直航」的毒藥，提出「積極管理廠商西進」的辦

法，這才是良藥，藥到病除，股市不久必會回復生機！

（自由時報　2006 年 3 月 23 日）

禁止銀行委外討債

當整個社會正為「卡奴」問題而鬧得滿城風雨的時候，日前中華知識開發協會、經濟日報、雅文基金會等浩浩蕩蕩在立法院舉行了「開放國營事業赴大陸投資之公評」座談會，要求政府降低行政干預，將企業西進改為報備制，讓企業依據自身需要評估登陸投資。

說也無奈，類似「企業自會評估風險，無須政府越俎代庖」等論述已風靡台灣一段時間了。十五年前，政府就是聽從了這種「偉大」論述，放手成立十六家新銀行，造成銀行過度競爭之局。民營銀行紛紛設立後，銀行老闆也以「政府應降低行政干預，企業自會評估風險」的堂皇理由，要求政府減少對銀行業務之干預。雙卡就是這樣成為 E 時代經營的寵兒。當時誰要求管理，誰就倒楣，「卡奴」問題就這樣滋長蔓延，最後還得請政府使用公權力來紓解，但損害業已形

成。

　　現在我們言歸正傳，今天本文要探討的是，與雙卡有關的「委外討債」問題。據報載，前週五金管會為因應各界對卡奴問題之關切，一早就召集全體銀行開會，達成在一定時間內不對「低收入戶」進行催收，3月5日前全部完成債權協商等協議。內政部也設置了「卡債協商申訴專線」及「不當討債檢舉專線」等，充分表示政府對此問題之關切與負責之態度。不過美中不足的是，似乎到現在為止，政府尚未禁止銀行委外討債的卡務行為。

　　其實，卡債問題各國均有，為何台灣就會演出人命，成為瘋狂殺手？依過去幾件逼出人命的案子分析，銀行之「委外討債」應是元兇。或許有人會問，「委外討債」外國也有，為何外國就不成為問題？答案又要回到上述的「對岸中國」了，因為台灣有語言相通、距離又近的中國，它扮演著犯案者或不當催討者直接與間接進可攻、退可守的後方基地。這是外國所沒有的。中國一直是台灣治安上的死角，只要與中國之往來越密，治安問題就會越糟，越令治安單位疲於奔

命。但偏偏台灣政壇經統媒之渲染,「促進兩岸交流」成為不可冒犯的「經濟正確」。這或許就是「台灣人之悲哀」吧!

我們了解,政府有「金融機構作業委託他人處理應注意事項」及「應收債權催收作業委外處理要點」等,也明文禁止不當催討之行為,但這些規定在業績壓力下幾人在遵守?本來,銀行自己授信、自己催討是天經地義的事,也是本分。自己大放特放,再以金錢請人家來催討收尾,可以說是「純資本主義」的一種思維邏輯,並不適合於東方之倫理,尤不適於台灣的特殊環境,宜於重新思考予以禁止。

或許業者又會搬出「不可因噎廢食」的大道理來,但可委外的事很多,催收一項由銀行自己來應是負責的態度,也只有如此,才可提升授信與催收的品質,根本解決卡奴被迫走向絕路的問題。

雙卡、卡債需要「積極管理」。同理,廠商西進也要,你說不是嗎?

(自由時報 2006 年 3 月 2 日)

積極管理，股市萬歲

儘管外商經常以「再不直航就得捲鋪蓋一走了之」威脅政府，去年的外資還是買超了台股七千一百九十四億元，創歷年最大買超紀錄。雖然不符外資所望，去年台股指數總算還能推升四〇八點，漲幅六‧六五％，給投資大眾差強人意的投資報酬。

許多人把此結果歸功於外資，但筆者也要提醒大家，一年多來政府不屈服於泛藍及外商壓力，對中國在經貿問題上未做進一步的鬆綁，才是去年股市小康之主因。大家都了解，自去年立委選後，泛藍領導人不顧中國反分裂法對台之威脅，反而變本加厲，聯合外商對政府施加壓力，要求立即直航，開放高階晶圓、TFT 封測及石油裂解等產業登陸。幸運地，政府之堅持，相當程度阻止了台灣產業進一步的空洞化與弱體化。

堅持也終於開花結果，去年第四季經濟明顯

復甦，預估將有五‧二八％之成長，失業率也已降到三‧九四％，創下五年來新低紀錄。外資敢於砸下七千多億元，雖然多少有攤平操作之跡象，主要還是看到台灣光明的一面，即看到了那些將「主生產線留在台灣的戒急用忍概念股」確具甚高的投資價值，去年十二月外資買超集中在台積電、力晶、聯電、友達等即是明證。這些公司都不因不能投資大陸而損失競爭力，反而因此密集在台投資，累積了先進技術，提升了國際競爭力，並以此吸引外資，推升了台灣之股市。外資的買超清楚地告訴了我們，「出走」是表，「買超」是實，表面與實質不盡相同，而後者才是大家追求的目標。

　　相信有一些人並不贊同筆者之論點。他們會這麼說：「就是因政府以意識形態治國，才使我國股市表現遠遜於韓國（漲幅五十三％）、日本（漲四十二％），若開放直航，鬆綁對大陸之投資，去年漲幅當不至於只有六‧六五％」。以「中國」為思維中心的泛藍媒體、學者均持此觀點，與筆者以「台灣」為思維中心的看法南轅北轍，由於經驗不能複製，許多經濟論戰都將歸於

口水戰、各說各話，最後還是毫無交集。不過一件事是可以確定的，即去年 4 月陳總統提「無有效管理寧不開放」後，對中國投資不得逾淨值四十％的限制並未放寬，高階製程的晶圓廠、封測廠登陸至今仍無答案，直航亦未實現，結果我國經濟雖有政治的紛紛擾擾，第四季仍然穩定成長了五‧二八％，這一事實不管如何狡辯，是不能抹殺的。此一事實告訴了我們，「有效管理」才是正途；泛藍的「不直航，即無將來」即是不攻自破的謬論。

甚至我們還可以這麼說，如果 2001 年不「積極開放」，台灣 2005 年的股市當不致只上漲六‧六五％，應該還比韓、日好，台股加權指數應已突破一萬二千點的歷史高峰，外資必已大有斬獲，民進黨政權當會如日本小泉政權一樣是沒人可以挑戰的了。

我們慶幸，總統元旦文告明確指出，往後對兩岸經貿將本「積極管理」之原則來推行，只要政府堅持此正確的方向，台灣的股市將是一片光明。股民有福了。

（自由時報　2006 年 1 月 5 日）

由卡奴看台奴

最近「卡奴」成為家喻戶曉的社會問題。卡奴為卡債被逼搶劫銀行，時有所聞，日前一位年僅二十三歲的卡奴持槍搶劫商家，他的母親獲知忍不住嚎啕大哭，令人為之心酸。

不過，回顧過去，「卡務」曾經是銀行的驕傲，因其有二十％以上的利息收入，讓「卡務銀行」的資本獲利率高於公營行庫，成為尖端經營的優良指標。據稱民營銀行為了卡務，年年砸下八億元的廣告費，爭奪的是年一千七百億元的「卡息」收入。幾年下來豐盛的卡息確帶來利潤，但一方面卻也製造了十餘萬的卡奴，丟給社會難以收拾的新難題。或許可以這麼說，「卡奴」正是個體企業利益不一定符合國家全體利益的活生生寫照。

十餘年前新銀行衝刺卡務，計誘消費者入彀，媒體一片讚賞之聲，既可提高國民消費，亦

有助經濟之發展，當時誰敢批評，誰要求管理，誰就倒楣，因此政府亦無積極的管理意圖，就這樣讓「卡奴」問題滋長蔓延。

企業「西進中國」的熱潮與銀行發卡熱，在很多方面頗有相似的地方。十餘年來企業瘋狂西進，中國亦以利誘台商入彀，統派媒體、學者同聲鼓吹，說這是兩岸雙贏之局。雖有識者不時地提出警告，都被譏為「鎖國」、「自外於世界」，政府官員又採取間接鼓勵之「放任」政策，當今台灣經濟的諸多問題即由此開始滋生。

十餘年後的今天，發卡數衝上了三千多萬張，但輝煌業務也製造了十餘萬的卡奴，銀行、政府即同受其害。

同樣十餘年的「大膽西進、積極開放」，使台灣投資中國之累計金額達二千八百億美元（折合新台幣九兆元），在中國之台幹亦超過百萬人。雖然成功的台商富可敵國，失利的企業即「錢進中國、債留台灣」，一走了之。為此銀行犧牲盈餘打銷呆帳，成本即轉由社會來負擔，國家亦因稅收減少，無力經建，失業率遲遲無法下降，工資亦無法提高。

為了拯救卡奴，日前朝、野立委達成協議要修改銀行法，規定信用卡現金卡利差。此舉立即引來業者及金管會的強烈反彈，但立委們之敢於仗義執言，則令人欽佩，也提醒了社會大眾及銀行管理當局，自由化雖是潮流，金融與經濟還是需要秩序與管理的（註：其實，不必龜笑鱉，金管會不准金控、銀行之新設，同樣違反自由化原則）。

但「卡奴問題」與「廠商西進」對國家之衝擊度畢竟不同。卡務失控，得利者與失利者都在國內，雖然造成數十萬卡奴生活上的痛苦，但尚能以再分配之方式獲取解決（如免息）。

但廠商西進，如果欠缺有效管理，所產生之經濟失速，實質工資之下跌，失業之提高，即因受益者均在彼岸，損失及痛苦均必須全由二千三百萬的全體國民來承擔。更嚴重的是，若產業持續西進，政府持續鬆綁，不久台灣經濟終必成為中國之附庸，政治上亦將成為集權中國之一省，失去自由民主，屆時「卡奴」問題事小，二千三百萬的「台奴」才是大家的悲哀。

（自由時報 2005 年 12 月 22 日）

戒急用忍概念股

「外資連續二十九天買超台股，使此波買超達二千二百零四億元，今年累積買超金額達五千二百零三億元」，這是台灣股史的一項紀錄，股市亦因有此龐大資金之挹注而完成了近七百點的反彈，暫時站上六千二百點。

依統計，今年外資買超以台灣為最多，以美元計達一百三十九億元（至 11 月 11 日），對韓國反而是賣超十四‧五億美元，為什麼外資捨韓國等東亞國家而獨鍾台灣呢？說來亦有其不得不的苦衷。去年外資因忽略了台商過度投資中國所可能帶來的失血現象而誤判，買超台股八十六‧七億美元，也是去年除日、韓外，外資買超最多的國家，但台股表現完全違背了他們的期待，韓國漲了二十七‧二五％，新加坡漲了二十一‧六四％，台灣卻僅四‧二三％，今年更差，正當世界股市齊漲聲中，台股獨憔悴，還跌了三‧四八

％（至 9 月下旬），怎麼辦？事到如今，外資唯一的補救方法就是攤平，也是 11 月大賭注的由來。到現在為止，雖稍有了成就，但攤平操作之能否成功，選股還是決定了一切。

那麼外資的首選是什麼？觀察 10 月 31 日以來至 12 月 7 日止的主要買超集中在台積電，計買超七百九十八萬股，力晶四百八十萬股，建華金三百零八萬股，聯電二百九十八萬股，友達二百一十四萬股，兆豐金一百七十萬股，可以說清一色為主生產線在台灣的「戒急用忍概念股」。這些企業都因「戒急用忍，有效管理」而相對投資中國不多，亦即它們的經營比較類似韓國的三星、日本的豐田，將主要生產基地留在自己的國家。（註：建華金、兆豐金即因「戒急用忍，有效管理」根本沒到中國營業。）

外資為什麼不買統一、台玻、南僑、聲寶那些雄飛中原的股票呢？這些公司都是抓住了「先機」，率先「前進中原」，結合了「大陸資源」，大談「微笑兩端」的企業，其獲利能力，依西進論者之言，理應超強，經營績效理應超群的特優企業，所以也理應是選股時之首選，怎會

失寵於外資？理由很簡單，因為對中國過多的投資、雄飛中原的鴻圖，使這些企業的經營分心，經營者很多必須成為台、中間的空中飛人，心不在轉型與升級。沒有升級與轉型，「微笑兩端」就等於沒有中間底盤的建物，只有摔下墜地一途。

事實勝於雄辯，儘管統派媒體將西進中國的台商捧上天，真正支撐台灣經濟、台灣股市的並不是這些西進中國的企業，而是「主生產線」仍然留在台灣的企業（註：企業有大小，無關匯出金額之多寡），有了他們，台灣的股市才還能存在，還能獲得外資之青睞。

最近西進派媒體刊出了「大陸台商一〇〇〇大特刊」，將在中國的台商實力捧上天。看看他們的規模確富可敵國，可是仔細觀察登陸投資前五十大，八成沒匯回半毛錢，也就是說，對台灣、對台灣股市之實質貢獻幾等於零。

當然，我們也無需斤斤計較廠商資金回流之問題。因為，以中國腹地之大，獲利再投資也是人之常情，只是事實就是事實，事實告訴了我們，「戒急用忍，有效管理」還是當今支撐台灣

及台灣經濟的核心力量，如果政府此次敗選之後仍然持續傾聽廠商之言，為了短暫的政治利益放棄這一個核心力量，進而開放高製程晶圓、測試、面板、銀行等企業登陸，即對股民言將是災難之開始，絕非福音。

（自由時報　2005 年 12 月 16 日）

金管會的二套標準

昨金管會公布了截至今年第三季止，國內上市、櫃公司投資中國及不包括中國在內的海外投資家數、金額以及匯回國內的金額統計，隨後該會強調：「大陸匯回率與海外投資報酬率相較，其實上市公司匯回率不是太差！」

真的「不差」嗎？我們認為金管會顯有「玩弄數字」之嫌，實不足取。正確的說法應該是：上市、櫃公司投資中國四千多億元，經十幾年的歲月匯回累計只三百八十七億元，一年的匯回率平均二％都不到。

以今年為例，依金管會數據，去年底上市、櫃公司累計投資中國餘額為四千八百六十一億元，而年初至第三季總共匯入收益八十三億元，只達投入金額的一・七％，換成年回收率亦只二・二％。金管會卻自己創造所謂的「投資大陸匯回率」，將累計匯回金額（三百八十七億元）

除以累計匯出金額（四千八百六十一億元）計出七‧九七％，「故意」忘記十餘年的資本積數，實在天才！

不久前，金管會還理直氣壯指責國銀的ROE（淨值報酬率）及 ROA（資產報酬率）太低，說：2000 年為六‧○五％，去年八％，過去五年都不及國際水準值。但奇怪的是，對投資中國回收率（長期言等於 ROE）僅二‧二％卻說「不差」，顯然金管會的大官們是有二套標準的。最近更是威風，編起包括ROE、ROA在內之競爭力指標，揚言不達標準將要裁撤其分行。國銀需要管理，這點我們不反對，但獲利率、匯回率低得離譜的對中國投資，不但不說應予撤資，反而還在力主開放，實在令人不解。

金管會對國銀之資產配置設有不少的規範與限制。如對每一個別企業的授信不得超過其銀行淨值的某一比率（無擔保放款五％，擔保放款十五％），對商業銀行之轉投資比率同樣亦有限制（實收資本總額之四十％），對個別國家亦都要求銀行作有效的國家風險管理。奇怪的是，金管會卻是當今逼政府開放投資中國四十％上限的急

先鋒。上市公司的資金與銀行一樣來自大眾，但對銀行要求不得逾越淨值四十％的同時，對企業即認四十％還需放寬甚至取消，這不是很矛盾嗎？

對一個國家之投資，限制在淨值四十％的規定太苛嗎？四十％已是銀行對一個企業授信不得逾五％的八倍了，以企業的安全經營言，四十％之資本投資若再加上週轉資金，其暴露在一個國家之風險實已達百分之百或以上，金管會之兩面性格、兩套標準實在令人不敢苟同。

台商對中國之投資，其金額若加上經其他國家之台資，應已達二千八百億美元，幾近我國GDP之九十％。金管會應知之甚詳，此種高度集中敵對國家之投資行為毫無疑問地違背了金管會金融監理之精神。如果說：「台商去的地方，銀行就非去不可」，那麼奉勸金管會先要求上市、櫃公司分散投資的國度，銀行也能順理成章可以分散國家風險。

（自由時報　2005 年 12 月 8 日）

當新台幣換成人民幣

隨中國超限戰起舞的我國統派媒體及政府官員，10月3日又開放了在金馬地區辦理人民幣兌換業務。日前參加工商早餐會的謝行政院長長廷亦允諾將其盡速推動到台灣本島，並指示相關部會進行準備。

據統計，10月3至20日的十三個營業日，駐金馬的銀行一共賣出了一千一百多萬餘元人民幣，買入的僅五十九萬餘元。據稱金門更為此增添了一項生活樂趣，將一筆又一筆的新台幣換成人民幣，放在家裡或再存入廈門的中國銀行。

若以個體的立場來評論，筆者也很贊成政府開放兌換人民幣業務，因為人民幣確是一項投資的標的，購買者可坐待其升值，大賺其匯差，尤其當今美國正在要求中國人民幣至少升值二十五％之際，只要投資一百萬元新台幣就可以獲得二十五萬元的增值空間，何樂不為。

　　因此若政府在近期開放本島兌換人民幣，只要人人平均兌存一萬元人民幣，一千萬人的儲存額將達一千億人民幣，折合新台幣達四千二百億元，若再加上胃口更為龐大的企業法人，其金額必令人咋舌。當然有沒有此現鈔供應是一個問題，若限量兌換即問題更大，黃牛、黑市、期貨必應運而生，增添其複雜性。若中國採緩慢升值，則問題將會如脫韁之馬，成為台灣的一項新全民運動，侵蝕股市及正常的經濟活動。

　　或者有人會問，日本、美國能，為什麼台灣就不能？這正是問題之所在，對中國之投資也是一樣，由於語言、文化之隔閡，「中國熱」即使有，在美、日、韓是不會脫韁的，它們可以放心任由市場去運作。台灣則不同，六十多年的「偉大祖國」、「天府神州」教育，已使台灣、中國間之經貿往來再也不能以國際間之經貿理論來規律。申言之，兩岸經貿投資往來若真的任由市場原理去規律，兩者之間絕不存在所謂的「雙贏」或「互利」，而只存在「吸納」與「邊陲」的融合關係。這也是我國自開放對中國投資以降，過熱的投資中國潮，使國內經濟活動日趨萎縮的原

股市信心不足是果不是因

台灣經濟邊陲化效應似乎正在發酵，隨著對中國之經貿開放，台灣資金、人才、技術逐步向中國經濟中樞移動之量與速度也正在加速。政府採取「積極開放」政策的 2001 年，我國筆記型電腦生產正居高峰，執世界之牛耳，此時國內產值比為八十九％，中國產值比僅四％，但去年中國產值比已竄升至八十二％，國內即只剩十六％，今年台灣最後一條筆記型電腦生產線也終於關了門。中國中樞吸納台灣之速度令人咋舌。

前週末（10 月 24 日）仁寶大跌了九毛，以二十九‧六元收盤，據稱公司正為 NB 代工毛利率「保六」而皺眉苦臉。毛利率只六％？這確是經營之警訊，但也是廠商爭相西進，政府又欠缺「有效管理」的必然結果。這樣股市還能上漲嗎？當天我國股市以五七一七點作收，與年底收盤相比跌了六‧八％，若與南韓之漲三十二％、

印度二十九％、日本十四％相比，不得不為台灣
之獨憔悴悲傷。

　　邊陲化是「小經濟體」在與「大經濟體」的
往來整合過程中，「小經濟體」逐漸被「大經濟
體」吸納消化的過程。它也是一種緩慢的過程，
有時也會冒出春意，讓人燃起希望之火，但整體
而言，小經濟體的活力是向下沉淪的。自1990年
起，我國經濟成長率之緩慢下滑，銀行存放款成
長率之個位數化，就是這一邊陲化過程中的現
象。1996 年李前總統以戒急用忍對邊陲化踩煞
車，讓整個車子免於顛覆，但由於往後執行面之
鬆懈，加上政權輪替後政府政策向積極開放傾
斜，邊陲化終於故態復萌，造成了台灣在世界股
市漲聲中獨自憔悴的奇特現象。

　　對此奇特現象，泛統派媒體一直叫嚷說，
「信心不足是股市不振的原因，目前最重要的是
恢復信心」。事實是否如此？說實在話，信心不
足只是屬一種結果，而絕非原因。舉「一位貧血
老人，不小心摔倒而骨折」為例，真正原因應是
年老貧血、易於跌倒，「不小心跌倒而骨折」只
是其結果而已。同理，年來股市不振，本月17日

大跌，若說是因為「禽流感」或說「信心不足」，都只屬於描述其近因與結果，真正原因應是廠商西進、資金西移所導致的失血與經濟之衰退（老化貧血）。統派學者及媒體之所以一口咬定「信心不足」，動機當然是出諸於大中國的意識形態，以此引導輿論，掩飾真正的原因，以遂其統一大夢。

「重振經濟信心、政院背水一戰」，這是鼓吹西進不遺餘力的某一媒體在本月 24 日所刊的「新聞分析」之標題。該「新聞分析」說：「謝揆深知兩岸問題才是激勵經濟的強心針，因此決化被動為主動，積極與決策高層溝通…」。我們都深知，煽動、分化也是統派超限戰的一種戰爭模式，所以希望我們的官員不會被此超限戰所分化。但若該新聞分析所期待的「放寬面板、八吋晶圓、封測廠西進，擴大人民幣至本島兌換，放寬投資中國淨值四十％上限，陸資認定提高為三十％」等等訴求果真一一實現，即對陳總統言，是陳總統所宣示的「不能有效管理寧不西進」、「有效降低對中國之依賴」等政策的跳票，也顯示了現政府「商人獻策、媒體治國」的本質，此

金管會稀釋台灣金融資源

金管會主委龔照勝，在本月 13 日歐元雜誌所舉辦的台灣投資論壇中表示：「台灣金融業必然要走向大陸市場，並呼籲對岸監理機構對台灣金融業應該更開放，讓台灣幫助大陸金融環境升級」。

龔主委自上任以來就一直大膽挑戰國家之兩岸政策，不時有驚人之發言，不久前他才說「台灣銀行業要去大陸設分行，時間有點太晚」，主委之發言可以說與商人語言如出一轍。

如果說，有人去我們沒去，就是「為時已晚」，那麼印度、印尼，甚至韓國、紐西蘭，老早就有很多外國銀行進駐，我們何嘗聽到金管會在呼籲不去會太晚了！做為一國之金融主管，對世界各國之金融市場不聞不問，對中國即念念於懷的心態與邏輯，確實很難令人苟同。

我們也經常聽到政府說，台灣必須引進國際

金融的商品與技術，以提升金融服務之品質。也因此鼓勵銀行走出去，去開拓國際金融的領域。所以我國銀行現在應該有的國際化方向是向歐、美、日國家進軍，在國際金融中心攫取向上提升的智能，而不是去鼓勵或促進向金融環境遠遠落後台灣的中國，去稀釋國家金融之資源。

最近韓國的科技突飛猛進，過去落後我國的平均每人國內生產毛額去年已超越了我們，考其原因不外乎是我國的企業過度利用中國廉價的資源與勞工，將其視為解決產業經營困境，尋求第二春的不二法門。「不去會失去良機」就是當時企業的口頭禪，也以此逼迫政府對中國投資開放。可是廉價勞工有如鴉片，鴉片吃多了必然使身體虛弱，我國產業就這樣失去了「向上提升」的強大誘因。

試想，對中國累計投資兩千八百億美元（註：美國國會之一研究報告推估）是何等可怕的天文數字！韓國對中國投資，雖然因近年國力日益充實而有增加，但其累計金額仍不超過我國對中國投資金額之十分之一，全力投資韓國，落根鄉土之經營，是今日韓國成功的要訣。

　　有人說：「台商去的地方，銀行就非去不可」。以銀行之立場言，此話是對的。但若以總體經濟之立場言，未必如此。姑且不論中國是執意要併吞我國，僅以國人對中國之投資金額來說，已大到台灣的銀行無法吞食的程度。我國去年底一般銀行總存款餘額不過十五兆五千五百億新台幣，而台商投資中國的累計金額兩千八百億美元，折合新台幣已達九兆四千億元，所需之周轉用資金若要充分供應，還不只此數。（註：若過去十五年對中國投資不這麼大，國內投資未被排擠，即當今我國一般銀行總存款餘額應已超越三十兆元，若我國已具此金融力量，或許可以談談進軍大陸的事），顯然以當今我國之金融實力，實已無法承擔供應中國台商資金之需求。若貿然為之，對原已日趨脆弱之我國經濟及金融，不啻是另一次的大抽血，絕非政府日日思考、念念不忘之方向。

　　我們還要「讓台灣幫助大陸金融環境升級」嗎？台灣已以兩千八百億美元幫助中國的傳統產業及高科技起飛，得到的是中國更有力量圍困台灣，我們還要「養虎為患」嗎？台灣所餘資金不

為何台股獨憔悴？

最近台灣股市很悶，正當韓、日、印等亞洲股市屢傳捷報之時，台灣卻一再跌跌不休。相較於南韓（三十二％）、印度（二十九％）、日本（十四‧五％）之漲幅，我國獨憔悴跌了三‧四八％。

對此問題，總合各界的解讀，不外乎下列幾項：一、國際因素，如受美國不景氣、世界股市下挫及外資撤走等影響；二、交易制度，如上市櫃把關不嚴、資訊不透明、內線交易等；三、政治面，如政策不明、朝野內耗等；四、國內經濟面，如國內景氣下挫、企業競爭力下降等；五、資金外流，如企業海外生產性投資與個人海外證券投資過多等；六、信心面，對經濟面的信心欠缺、對國家信心動搖等等。茲依次分析如下：

一、我國股市之積弱不振絕非國際因素，因日、韓各國股市屢創高峰。亦非外資撤走，今年

以來外資買超仍達三千億元。

二、我國股市之不振亦非第二項之交易制度面，台灣股市經四十多年之改進，各制度已相當完備，不然那會引來外資之青睞。

三、至於第三項之政治面，有人說政治紛擾，股市就衰，但南韓的政治紛擾也很多，曾經鬧到罷免總統，但南韓的經濟還是好好的。2004年台股也是在正名、制憲、公投的朝野廝殺中達到七一三五之高峰。可以說，政治面雖是因素之一，但絕非關鍵。

四、是以，真正影響台灣股市的應是第四項的國內經濟。事實是今年國內經濟似不如預期，一至六月工業生產、製造業生產分別比去年同期減少〇‧〇三％及〇‧五四三％，3月份製造業海外生產比重攀升到三十七‧二五％，其中資訊、通訊產品海外生產比重更高達七十三％，致外銷訂單與實際出口呈現明顯的乖離。貿易條件也日趨惡化，我國出口物價亦因台商大舉登陸在國際市場低價銷售，呈現易跌難升之局，利潤受到壓迫，影響股價，這也是凡是已登陸的產業在台灣股市都連袂變成雞蛋股的原因。企業以量產

及壓低勞工成本的經營方式，也使產業忽略了升級的努力而不利於產業競爭力之提升。

　　五、資金外流，即是上述國內景氣不如預期，企業競爭力日竭的原因。依摩根公司一位主管的研究，2000 年以來五年半的期間，在自由化政策帶動下，國人及基金投資了七百七十億美元的海外證券。企業對中國之投資更是觸目驚心，依美國一份智庫的報告，投資中國最多的國家是台灣，約占中國所接受的海外投資（FDI）金額五千六百二十一億美元之一半，即二千八百一十億美元，折合新台幣九兆二千七百億元，以全年GDP十兆元的台灣經濟規模言，外移資金實在過於龐大。

　　六、第六項信心之不足，是資金西流中國、產業競爭力衰退、股市動能長期不足的必然結果。最近反對黨持續杯葛軍購，構成「國家安全」之危機，當然也多少影響了國人之信心。

　　綜上各項，資金外流、產業西遷是近年我國股市表現不佳之主要因素。所以，千言萬語，大家若真的希望股市能恢復真正長期的生氣，請不要被「兩岸僵局打開，股市就會漲」的迷咒所

誤，也不要妄想直航可以救台，因為僵局之打開、兩岸直航都會加速台灣資金、人才與技術之西流，是飲鴆止渴的方法，長期言均會降低台灣股市之動能。經驗已告訴了我們，降低對中國之投資，減少對中國之依賴，提高台灣主體意識是提振台灣股市的不二法門。

（自由時報　2005 年 9 月 27 日）

人民幣惡性崛起

自詡「和平崛起」的中國，終於紅軍少將的一句將以核子武器摧毀數百個美國城市而露出了它猙獰的真面目。其實，中國之霸王心態何止於軍事，北京以嚴重低估之人民幣搜刮了世界的資金，占盡了出口之便宜，還以世界工廠自居。此種以鄰為壑的霸道在此次人民幣升值的決策上再一次暴露無遺。

什麼是升值二％？此種小兒科式升值真是令人笑掉大牙，因為二％只能歸類為小幅波動而已，難怪一位摩根士丹利的董事吐槽說：這對美國提出人民幣被嚴重低估的政治人物簡直是侮辱。但很奇怪的是，大家在大中國之威懾下，似乎都反應過度，日圓當天彈升了一‧三九％，台幣竟然也升了三角五分，升幅○‧九六％，其他韓、馬等亞洲貨幣亦紛紛上揚，這也顯示了市場往往都是不理性的，且都趨炎附勢。

　　到底人民幣被刻意低估多少，言人人殊，去年美國大選民主黨總統候選人凱瑞在辯論會中說：人民幣低估了四十％，中國官方的中國證券報的一篇報告，也罕見的說出人民幣相較美元低估達三十六％，今年美國參議院所提，促人民幣升值的法案，即要求對中國輸美的所有商品課徵二十七‧五％懲罰性關稅。可見人民幣低估的情形相當嚴重，絕非升值個十％或十五％就可解決的。是以，對各國之千呼萬喚才升值二％的作法，顯示了中國利用低估的人民幣，以達成經濟霸權的意圖，暫時不會改變。

　　中國 7 月 21 日宣布人民幣升值二％的同時，也表示人民幣將改採與一籃子貨幣掛勾的新制度。此一宣示，無異於要將人民幣過去低估的不公平優勢，固化為永久性優勢。也就是說，如果北京所稱的一籃子貨幣，指的是日、韓、台貨幣，將來人民幣之升值，是以日、韓、台幣之升值為前提同步移動，藉以保持中國出口產業在東亞各國現存之優勢地位。目的是，繼續磁引台灣為主之世界資金與人才，藉以維持高度成長，早日超越日本，成為亞洲無可替代的霸主。這也是

中國人行同時強調人民幣匯率不會大幅波動的主
要動機。

　　中國之意既已非常明顯，現在剩下的問題即
是各國如何面對，尤其是台、日、美國。台灣的
統派當然會替中國緩頰，還會預測台幣有升值的
空間。果真台幣跟著人民幣升值，即中國之磁引
會跟中國經濟實力之提升，逐年強化，台灣的經
濟必被統合在大中華之下，成為邊陲。如果日本
懼中的心態依舊，對低估的人民幣不敢嗆聲，任
憑中國蠶食，即日本不出幾年，約在 2015 年，就
要退出東亞經濟龍頭的地位，屈居附庸。美國面
對的挑戰更為嚴重，過去的冷戰時期，美國面對
的只是蘇俄的軍力，但美、中的新冷戰，除了中
國擴武的威脅外，美國還得面對中國崛起中的經
濟力量。

　　低估的人民幣使美國對中國貿易赤字去年達
一千六百二十億美元，若美國政府再無斷然行
動，此貿易赤字今年將接近二千億美元，中國的
外匯存底將會很快突破一兆美元大關，中國也會
用此存底搜購美國公債與美國的資產，而美國的
公債依賴中國之情況越深，美國所能使出的手段

方案將越有限，民主的勢力將會全面退出東亞。

有人說 2005 年 7 月 22 日是世界經濟大逆轉之開始，其實逆轉或不逆轉關鍵在於人民幣。人民幣嚴重低估的問題同樣也攸關台灣之命運與將來，我們不能等閒置之。

（自由時報　94 年 8 月 2 日）

誰替股民說話

台灣全國最近幾天為了「和艦」鬧得滿城風雨，聯電有否投資和艦，有沒有將技術專利轉讓給和艦，並將訂單轉介，損及八十九萬多名在台股東的權益至今仍然是謎。但不管如何，和艦確已拋給關心台灣前途的國人一個必須嚴重關心的問題——國家的經濟安全與全民的經濟利益。

依投審會資料，和艦科技未經許可赴中國投資的處分到現在為止是罰鍰新台幣二百萬元，且案件仍然在行政訴訟中，尚未開庭，同樣對上海宏力也是罰鍰新台幣二百萬元，案件亦改提行政訴訟尚未開庭，中芯半導體更是止於投審會調查之中，據稱聯電若投資和艦確實，依新規定亦只不過最高罰鍰二千五百萬元。問題是，這些區區二百萬元罰鍰，即使最高二千五百萬元，對如和艦高達數十億、百億元的違規投資算什麼？能起

嚇阻作用嗎？事實證明，罰鍰還沒收到，和艦已開工，技術已到○‧三微米、○‧二五微米，進而達到○‧一八微米邏輯製程，月產能快速拉升至三萬片水準，中芯月產量更是已達十二萬片○‧一三微米製程，也就是說有罰責等於無罰責，執行更是鬆懈而怠慢。

至於聯電有無暗渡陳倉，將敏感科技專利轉移給中國和艦，據法律專家稱，檢調單位無能以國家權益著手，三十二年前行政院頒布的「科技資料保密要點」所管制的對象也僅止於接受政府補助研發的敏感性科技，像聯電這種私人企業自行研發的技術，再怎麼敏感，公權力也管不著，是以檢調只能以侵害公司權益、對股東的涉嫌背信來偵辦。也就是說，台灣在深受中國併吞的威脅下，至今竟然還沒有一套法律可以管制像十二吋晶圓製程、設計、精緻農業新品種、新生技等敏感科技的輸出或走私。台聯曾於 2002 年 3 月與當時行政院達成管制高科技技術流入中國的四項共識協議，但「科技保護法草案」在立院一躺就已三年，眼看著這些可以提升國人財富、增加就業的國家寶貴科技，心血結晶的農、漁生技流入

中國，還是沒人理睬。

　　令人傷心的是，「和艦」案發後，竟然有人大發雷霆質疑政府「跳不出舊思維，走不出新絲路」將一個法律案件硬指為政治事件，甚至高喊廢除他們（統派）所認為「不合時宜」的「穴鳥法律」。我們實在無法了解他們的思維邏輯，只能以統派的意識形態來加以解釋。如果他們的說法是對的，那麼美國的「敵國貿易法」（Trading with Enemy Act, 1917）、「原子能法案」（Atomic Energy Act, 1954）、「出口管理法」（Export Administration Act, 1979）、「經濟間諜法」（Economic Espionage Act, 1996）可不就都成為大「穴鳥法律」，該打該廢？

　　此次中國聯想併購IBM個人電腦部門，結果被美國政府認為影響國家安全；中國中芯半導體向美國應用材料公司購買新機器，結果被美國政府打回票，理由還是國家安全。為此美國應用材料公司再次向政府訴求，套上台商慣用的一句話說：「我國不賣，日本公司也會賣，白白損失商機」，結果訴求還是被美國政府所否決。美國政府錯了嗎？美國政府給我們的啟示是，即使美國

是一個最開放的民主國家,也有其「經濟安全」的考慮與立法。值得一提的是,美國人及美國的媒體並未因此指控美國政府「鎖國」思維、「違反市場原理」或「政治辦案」。

由美國上述的例子,國人應該了解,一個主權獨立的國家,當面對外來威脅的時候,「國家安全」與「經濟安全」還是高於商業利益與廠商意向。美國尚且如此,面對中國即時而明顯威脅的我國還能說不需要嗎?

過去「戒急用忍」及現在的「有效管理」之所以沒有發揮應有的效果,是因為我國一直欠缺如美國的「敵國貿易法、出口管理法、原子能法案」等等屬經濟安全機制的完整法律架構。我國現在雖然也有兩岸關係條例,但此條例對經濟安全的規範不多,且過於籠統,對違反者之罰則又輕到無關痛癢(如僅罰款二百萬元),完全不產生嚇阻作用,被違反者視若無睹,在商業利益之下,當然大家不會遵守。如果我們的官員把自己對立法之顢頇、執法之怠慢絕口不提,卻把此類台商之偷跑、不遵守,視為「法律不切實際」或「無法執行」,無異是倒因為果,若以此認知上

迎合統派之意向，再做有害全民的「務實調整」，鬆綁法令，即國家經濟之被中國所掏空必不能免，且指日可待。

　　試問一年超過一百億美元，折合新台幣三千二百億元的對中國之投資（約占 GDP 之百分之三，美國為萬分之三，日本為萬分之五）還不夠嗎？還要鬆綁嗎？

　　因為中芯，因為宏力之偷跑，也因為對和艦技術之轉移，台灣的半導體業者的利潤已大量縮水，股票市值也因此跌掉了數兆元，數百萬股民（僅聯電股東就有八十九萬人，市值由 2000 年的一兆一千億元縮水到四千億元）損失不貲，股市動能大減。我們是不是還要開放到這些科技股變成雞蛋、水餃股才會罷休？現在該是認真思考「經濟安全」機制以保護股民，守護台灣經濟的時候了。

（自由時報　2005 年 2 月 23 日）

疲弱不堪的股市要告訴我們什麼？

2004 年，對世界的股市來說，算是不錯的一年，新加坡漲了二十一‧六四％南韓二十七‧二五％，印尼三十三‧八五％，菲律賓二十五‧〇六％，一向表現無力的日本也漲了十四‧九八％，但台灣只漲了四‧二三％。國人都在期望 1 月的行情，但紅盤一開卻令人大失所望，到 1 月 7 日的第一個星期加權指數就大跌了二〇三‧七點，跌幅三‧三％。雖說是受美國股市下挫影響，但同一期間，日本、韓國僅跌了〇‧四八％及二‧七九％，泰國反而大漲四‧二五％，新加坡也漲了一‧一八％，菲、馬也都屬漲升之局，可以說我國股市是亞洲國家中表現最差的一個。何以至此？軟趴趴的台灣股市要表示給我們的是什麼？這是股友們，也是全體國人都需認真思索的問題。

讓我們回顧一下去年的二二八吧！那天超過

二百萬的國人勇敢地站了出來，手牽手，向中國說了 NO，亦向世界表達了台灣人愛和平、反飛彈的心聲。次日（3 月 1 日）股市大漲一三七‧八九點，收六八八八‧四三點，四天後的 3 月 5 日更創了去年最高的七一三五點，若從 2002 年 10 月 11 日收盤的三八四五點起算，此波整整上升了三二九〇點，漲幅達八十五‧六％。也可以說，自從 2002 年 8 月 3 日陳水扁總統提出了「一邊一國」之後不久，台灣的股市就開始轉入上升之路，且不因制憲論或防禦性公投而稍有休歇，反因九六正名大遊行及二二八守護台灣等「台灣主體意識」之高亢而更加穩固其步伐，成功地將阿扁總統推上連任之路，也打破了「兩岸關係不搞好，台灣經濟就不好」的誤人欺民歪論。

可惜，這一股「台灣主體」的熱潮在 3 月 20 日阿扁總統連任之後迅速退潮。泛藍長達一個多月在總統府前之示威抗議，不但成功折損了台灣主體意識的鋒芒，也在勝選的執政團體內產生「理屈的幻覺」。民進黨青壯派的「新文化論述」即是此種幻覺的產物。「新文化論述」雖是回應了族群裂痕的嚴重問題，但卻也無意中將

金之外逃外，亦必將使台灣在「直航」問題上更會屈就於中國之條件，把台灣帶上與中國經濟統合之不歸路，在往後的三年更進一步深化與中國之結合，選前的「海洋國家」之設計亦將被束之高閣，而不見蹤影。

直航可以「救台」嗎？「直航」對台灣可能是最後的一服「經濟嗎啡」。「嗎啡」可迅速紓解病情，但暫時的紓解也蘊藏了對內臟機能的破壞與弱化。直航當會暫時刺激泛藍的民心，但也會加速資金與人才之西移，台灣或許還可以維持低度或中低度的成長，但畢竟會遠低於中樞中國而逐步邊陲化。台灣勞工朋友的薪資，亦會在中國廉價勞工的競合下無法提升，甚至得接受實質的調降，以滿足企業家的要求。國內投資將成為幾家企業的舞台，而不及於經濟的全面，國內需求自然無法提升。股市，或許仍然會有定期的反彈，但長期動能之提高也將更為渺茫。

這些可能就是我國年初弱勢的股市行情所要告訴我們的。我們是不是還要以「擋也擋不住」、「必然的趨勢」來接受這一新的布局？

（自由時報　2005 年 1 月 12 日）

人民幣不動如山，亞幣自亂陣腳

一千二百四十億美元絕對不是小數目。這是去年中國對美國的貿易順差數，以天文數字來形容亦不為過，且還在持續擴大之中。同樣中國的外匯存底亦快速累積中，今年 9 月已達五千一百四十五億美元。升值的壓力不是沒有，美國財政部長史諾在許多場合公開呼籲中國儘快解除匯率管制，放手讓人民幣浮動，民主黨候選人凱瑞在競選期間亦直言中國藉操縱匯率來維持中國商品的國際競爭力。但面對美國的壓力，中國仍然不動如山，為的是它怕升值會折損中國的外貿競爭力。

台灣就不一樣了，對岸尚無動靜，市場就已自亂陣腳，台幣一舉衝破三十三元，向三十二元大關邁進。布希當選後僅數天就升了三角一分。對此，我方官民的看法如何？翻開報紙可發現，國內反應是一片讚美聲，評論家的分析是台幣升

值可平抑進油成本，緩和輸入型通貨膨脹壓力，外資也會湧進，推升股價，是股市利多，對出口產業之衝突亦不大，並預言長期弱勢美元時代已經來臨。台灣官民對升值的正面看法明顯與中國及美國論調南轅北轍。如果台灣的看法是對的，那麼中國人民幣之升值何懼之有？人民幣升值既可平抑中國的進油成本，亦不影響中國之出口產業，又可遏阻景氣過熱現象，這可不是中國求之不得的靈丹嗎？美國的官員也應該學習台灣，放棄弱勢美元政策，改採強勢貨幣政策，那種要求東亞貨幣升值，以救美國失業的想法是不長進的作為。但反過來說，若美國、中國的說法及堅持是對的，那麼台灣官民的說法應有斟酌的餘地了。

弔詭的是，在台灣高唱「樂見台幣升值」的學者及分析師，卻也非常認同中國「拒不升值」的官方政策，經常引述一些海外學者之論述說：「人民幣升值會減少外國對大陸的直接投資」、「人民幣升值將會拖累大陸之經濟成長，不利東亞各國」、「人民幣升值是災難，也會拖累世界」等等，同樣是「升值」，在台灣即是，在中

國即非。看來，對升值一項也會有「意識形態」
的差異問題，令人稱奇。

經濟學的確很複雜又微妙，且正反看法經常
毫無交集，淪為口水戰，最後只能以反覆的歷史
經驗才能判定是非。如馬克思主義論戰幾十年，
最後用數十億人類之痛苦經驗來判定對錯。其實
匯率的升貶人類的經歷也不只一次了，如1950年
代台幣的貶值（由五元新台幣兌一美元貶到四十
元新台幣兌一美元）、1980 年代人民幣的大貶
（由一‧五人民幣兌一美元貶至八‧三人民幣兌
一美元），及1980年代後段之美元貶值（由一美
元兌二六○日圓貶至一美元兌九十日圓），最後
結果都是甜蜜的。反之，升值的結果（如1980年
代台幣自四十元兌一美元升至二十六元兌一美
元）都是辛苦的忍受，也難怪歐洲央行高層已屢
次放話說：「歐元升值將損害歐元區經濟成
長」，持樂觀其成看法的似乎只有台灣。

看來，此次的匯率風波以「不變應萬變」之
中國又將會是唯一的獲利者。布希當選後還沒開
口，亞幣（包括台幣、韓圜、日圓）即已紛紛跳
升，人民幣反成貶值之局，台灣早已熾熱的投資

中國熱必火上加油，中國又會向世界大工廠邁進一步。受害最大者可能又是台灣的失業勞工。

（自由時報　2004 年 11 月 16 日）

人民幣慢慢升對台灣是禍非福

我在去年趨勢論壇的專欄中，就已提出過一個看法：美元貶值對台灣與全球經濟是福還是禍？要看人民幣動向，但是當時太早提出，並沒有引起太多重視。近來人民幣的動向，果然引起全球關注，三大經濟體：美國、日本、歐洲，站在同一陣線要求人民幣升值，國際金融市場上已經形成一種共識：現在的人民幣，不是該不該升值的問題，而是應該何時升值。

在人民幣看升的趨勢下，外資與本地人士都認為，人民幣升值將為台股帶來大行情，到底人民幣升值對台灣經濟是利多？還是利空？對大陸經濟是災禍？還是再上層樓？要先回顧日圓的大升值潮。

二次大戰之後，日圓曾經過兩波大升值，第一次是在 1971 年開始，由一美元兌三六〇日圓升值到二九〇日圓，這次升值幅度雖然很大，但對

於日本經濟是正面大利多，幫助日本經濟脫胎換骨。日本企業主被迫走出弱勢幣值的保護傘，必須動腦提升管理品質，反而增加日本商品競爭力，日本貿易順差有增無減。

第二次大升值是 1985 年 G7（七大工業國）聯手要求日圓再度升值，這次升值幅度更劇烈，從一美元兌二六〇日圓，一口氣升值到 1994 年的九十九日圓，最高還曾經升到七十九日圓的記錄。這次的長期升值，雖然帶來國際炒匯熱錢，但也終於搞垮日本經濟，因為用管理的手段壓低出口成本，畢竟有它的極限，1990 年開始，日本經濟步上長空。

從日本經驗帶回到人民幣，中國官方在 1994 年間，將人民幣由一美元兌五・三元，一口氣貶值為八・三元，貶值可以強化出口競爭力，大陸貨原本製造成本就相當低廉，再加上貶值後的出口報價更具價格魅力，開始壓縮其他亞洲出口國的空間，也為 1997 年的亞洲金融風暴埋下導火線。

目前人民幣幣值還是在八・三元，但是此時人民幣的威力，絕對不等於 1994 年的八・三元，

因為經過這些年各國資金與技術的強力灌頂，大陸工廠現代化腳步突飛猛進，大陸不再只能做一些低層次的出口產業。世界工廠加上弱勢貨幣，亞洲其他出口國等於被壓著打，即使經濟先進國家，如三大經濟體，一樣感受到大陸不斷輸出廉價商品、輸出通貨緊縮的壓力。

但是這次國際市場還能採取像是 1980 年代壓迫日本升值的老方法嗎？我認為不樂觀。因為 1980 年代的日本，雖然已是經濟大國，但卻是政治小國，沒有原子彈，要靠美國保護。而大陸現在不只是經濟大國，也已經是政治大國，譬如美國在處理北韓等棘手問題時，就需要大陸的支持，國際匯市其實也是國際政治勢力的競技場。

什麼時候人民幣才會大幅升值呢？我認為要等到美國真的翻臉，祭出貿易保護主義的殺手鐧，大陸才會就範。所以觀察人民幣會不會大幅升值？美國開始採取貿易保護主義時，就是重要訊號。因為在貿易保護主義之下，大陸貨就很難銷進美國，這對大陸經濟將會產生嚴重殺傷力。

過去美國經濟復甦，全球各國多少雨露均霑，但現在美國經濟復甦的好處，大多被大陸拿

去了，於是全球經濟衰退，其他國家慘兮兮；這種全球經濟勢力的不平衡，主因就是人民幣值的人為低估。大陸領導如果能夠以國際政治家的格局，不再以鄰為壑，先將人民幣升值到1990年初期五‧三元的話，這次升值將會為大陸經濟，帶來像是日本1970年代第一次升值的大利多，因為製造業水準快速提升，人民幣更具購買力，有助於內需市場欣欣向榮，中國人也能更富有。

如果大陸能夠在一年多之內，採取一次到位式的升值，對兩岸都是雙贏，因為人民幣資產也變貴了，不會引起台灣資金出走，對台灣才是利多。但如果大陸仍然想延長享受這種幣值帶來的不公平優惠，拖拖拉拉、每次升一點的話，對於台灣將是利空。

因為溫和緩慢的升值，只會讓預期升值的心理愈來愈濃，從企業到個人，都會想將資金匯出，到大陸買股票、買房地產，賣台北房子、買上海房子，甚至連生產資金都有可能轉為投機資金。因為大家都曾經歷過，民國70年代國際熱錢帶動台幣資產的狂飆，很難抗拒這種誘惑，如此一來，台灣的房市與股市，都會難以招架這波資

金出走潮。

從這個邏輯來看，如果人民幣不動，台股的上漲，就只能當作反彈，因為全球或是美國景氣復甦的好處，都被大陸拿走，這種上漲的支撐會很薄弱。

值得一提的是，雖然人民幣升值會引起資產狂飆的聯想，但當年台灣錢淹腳目，股市、房市、物價大漲的盛況，真的會在大陸上演嗎？我們先看台灣，民國74年，台灣總放款金額是一兆九千多億台幣，開始升值的四年間，外匯存底增加五百多億美元，換算成台幣是一兆五千多億（以一：三十元換算），與總放款金額快要相當，因此這股熱錢能夠在淺碟子的台灣市場興風作浪。

反觀大陸，目前的總放款金額是十五兆人民幣，就這幾年雖然已經湧入二千多億美元（前幾年的外匯存底約一千多億美元，目前已增加到三千多億美元），等於是一兆六千億人民幣，與目前十五兆人民幣相比，還不到興風作浪的程度。除非等到湧入的資金擴大到十兆人民幣以上，接近總放款金額，才會引起房市、股市的震撼。

　　人民幣升值對台灣一定是利多嗎？現在買上海房子，就可以預期享受民國70年代的房價狂飆嗎？看過上述分析，我想大家應該都已經找到答案。

　　（智富月刊　2003年9月1日　口述記者整理）

如何讓廠商減少對中國投資

據報載，行政院 5 日（12 月）決定組成「鼓勵投資及有效運用外匯專案小組」深入探討外匯存底增加與國內投資不足成因並提出因應方案。我們希望政院能在最短時間內好好探討國內投資不足之根本因素，提出有效的鼓勵國內投資的方案（非鼓勵對中國投資）。由於我國外匯存底已累積到二千億美元，其運用之是否得宜對國力之提升具深遠影響，行政院如能有好的方案提供央行做為央行決策之參考也是一件值得肯定的事。筆者不解為何此舉會引來外界的批評。

央行不能提供部分外匯支應國內經濟活動嗎？其實自 1990 年以來央行就有一百億美元外幣資金轉融通的措施。所以央行提供外匯資金支應國內經建並非無例可循，也是天經地義的事，問題的癥結是此時此刻央行有無必要提供一筆外匯來支應國內經濟之活動？對此問題筆者倒認為暫

無此必要。

　　為什麼？有人說，當今我國外匯存底增加是因為國內投資不振，致國內消費不足，設備進口減少所致，對此說法筆者並無異議，但對「當今我國民間投資不足」一項即認為似是而非，有加以說明的必要。「是」的是近幾年來我國民間投資確實不振，2001 年為十七‧四％，去年為十七‧三％，相對於亞洲鄰國韓國之二十六％、日本二十三％實屬偏低。今年可能只達十六‧三％，預估約為一兆六千餘億元。由於投資不足，國內消費減少，亦無由投資引發的擴散性國內投資，致進口減少成為隱憂。

　　「非」的是，我國民間廠商之投資其實非常旺盛，只是其投資不是在台灣進行而是在中國。去年我國的所謂台商在中國之投資不下一百五十億美元（折合台幣五千一百億元），今年隨對中國市場之深耕，金額更多。去年我國民間企業投資若加上對中國投資之部分（對其他國家之投資不算）將達二兆三千億元，若再加上一百五十億美元在台投資所衍生的擴散性投資，去年的投資必能達二兆五、六千億元以上，投資率將會超越

二十六％，居四小龍之首（韓、日等國對中國投資不多，均不到其 GDP 之○‧三％，而我國對中國投資即達五％）。

也就是說，我國之企業投資其實並不少，且高於鄰近國家，只是錯把中國當國內，以投資國內之思維去投資中國減少對台之投資而已。美、日、韓等國則無此問題，因為中國對他們言畢竟是語言不通，文化、習慣不同的外國，台灣即不然，所以如何讓國內廠商及國人減少對中國之投資，應是「鼓勵投資及有效運用外匯專案小組」的首要課題。

其次，筆者也認為「以外匯存底提供低利融資」已行之有年，且有各項方法，絕非新的概念。將央行的外匯存底存放於或拆放給國內銀行的海外分行，算是間接對國內廠商的融資，因為國內銀行的海外機構可利用此存款資金貸放給國內廠商或國內廠商的海外投資機構，達到央行低利融資國內廠商的效果。當然央行也可以接受國內銀行海外分行之申請作個案的審查與融資。問題是，現在國內銀行的外幣或台幣資金均十分寬裕，不論是透過外幣市場拆借美元，或吸收美元

之存款資金成本恐都不到一％，故須央行幫助者不多，此刻央行再提撥部分外匯做低利融資，只不過是錦上添花，少有促進投資之效。現在銀行最大的問題是找不到好的借款大戶，因為大企業很多的投資都到中國去了。真正需要錢而借不到的即是國內的中、小企業，而他們卻正受大企業紛紛出走、國內需求減少及資產（土地、廠房）價格節節下跌，押值縮水致申貸不易的雙重威脅，亟需政府伸出援手加以扶持。

如果大家不健忘，不久前政府已推出了「振興產業新投資兆元優惠融資計劃」。該計劃是以優惠利率融資、提供信用保證、提供進口機器設備及購買原料的外幣貸款，來協助企業籌措資金，對象並不限於大企業，中、小企業亦可適用。所以辦法並不是沒有，只是政府一向流於以案養案，推出後空有計劃，未有效之推行，致績效不彰。只要政院肯於專案追蹤，設置融資輔導，解決企業申貸之困難，必能鼓勵投資，振興產業，若申貸踴躍，兆元不足，即應可再於擴充擴大基金規模，涉及外幣融資時由貸款銀行申請央行撥款，即國內投資率必大幅提升，達到此次

債務餘額是必要之惡

日前中央政府累計未償債務餘額達三‧四兆元，約達國內生產毛額（GDP）三十三％，與國際貨幣基金所調查的新興國家債務中位數的二十五％相較，似乎偏高，但與先進國家債務餘額的中位數相比並不高，雖然IMF認為中央政府債務餘額若達GDP之三十四％或以上，則該經濟體每年經濟成長率需達到八‧五％，才可能自然地減少負債比重，因此引來在野黨的批評。但是我認為，經濟的問題沒有標準答案，只有程度問題而已。

　政府本來就會發公債，否則債券市場如何維持？最近一年我國景氣的確正在逐步復甦中，雖然台灣今年的經濟成長率可達三‧五％左右，但跟過去比起來，還是有點偏低，失業率也不見緩和，政府的赤字絕對是必需的。景氣是循環的，景氣不好時舉債，等到景氣好的時候，再來想辦

法消除赤字，這是很正常的財政政策。而且，台灣的債務餘額占GDP三十三％，雖然比新興國家高，但是台灣是新興國家嗎？台灣的經濟狀況其實應該算介於新興國家與先進國家間，嚴格說起來，我國這樣的債務餘額比例並不需要過份緊張。

目前台灣中央政府的赤字約三兆四千億，明年的歲出只比92年增加三‧九％，相當低，雖然政府在明年的預算執行中計畫發行二千五百億的公債，由於金額不算多，市場應該正面解讀，每年公債增加十％是正常水準，年增率約十五％也是可接受的。以純經濟考量，政府所提之一年一千億公共建設計劃確實有其必要。我們需了解一國經濟成長動能來自投資，但很不幸的是我國投資率自90年跌破二十％後就一直爬不起來，主要原因在於民間對中國投資過多，排擠了對國內之投資。

彌補民間投資不足的不二法門，就是政府投資。可是政府投資亦連續四年衰退，由88年的五千兩百億元降至去年的四千一百億元。在民間投資、政府投資雙雙衰退下，91年國內投資毛額僅

一兆六千七百億元，約比 86 年到 89 年間平均每
年投資毛額二兆一千億元足足少了五千億元。如
何填補此缺口，就成為政府財政策略的一大課
題。五年五千億元的公共建設特別預算正可以彌
補此一缺口的一部份。有了基礎建設的投資才能
吸引更多資金進來台灣，有了新的資金注入台灣
經濟，失業率就會改善，經濟就會轉好，稅收也
會跟著增加，M2 年增率就能回復應有的水準，
因此應該要用以長遠的眼光來看國家財政，投資
正確的話，很快就能回收。

　　另外，也有人擔心美國的債務，因為美國中
央政府的債務餘額也相當高，對這一點，我們可
以用另一角度去觀察。其實美國增加債務對其他
各國常常是有力的經濟啟動機，因為美國扮演世
界中央銀行的角色，因此可以容忍多一點的債務
餘額。至於買美國公債的亞洲國家，也不用擔
心，金融市場就是這樣。1999 年時經濟最熱，美
國三大股市創新高的時候，美國政府的債務餘額
占其 GDP 之比率為三十九％，至於 2000 年經濟
泡沫化後，美國政府為了刺激經濟，採取減稅，
目前債務餘額占 GDP 比率約五成以上，雖然負債

新台幣 vs.人民幣

從美國財政部長史諾兩次發表強硬談話、FED（美國聯邦準備理事會）主席葛林斯班對於亞洲貨幣利用幣值低估手段來創造競爭力發出警告，以及日本首相小泉純一郎、財政大臣鹽川先生的嚴厲談話，全球迫使人民幣升值的壓力，可說如排山倒海而來。國際的熱錢，已經看準了人民幣升值的趨勢跟力量，蠢蠢欲動。人民幣升值將是牽動未來亞洲發展，非常重要的力量之一，藉由國內的貨幣專家，同時也是現在的總統府國策顧問，前一銀董事長黃天麟與本刊社長謝金河的尖峰對話，一起來看看人民幣升值跟台灣未來在貨幣政策上的發展與方向。

謝金河：以基本面來看，中國大陸第一季的經濟成長率是九・九％，第二季是六・七％，對於從 2000 年以來全世界經濟都面臨大調整，中

國大陸的表現相當出色，為了緩和人民幣升值的壓力，大陸貨幣供給量開始大幅成長，到今年上半年，外匯存底也已經累積到三四六五億美金，成長幅度相當大。國際間也發現，以上半年的數字來看，大陸的出口順差只有四十五億美金，FDI（外國直接匯入的金額）是三〇二億美元，這兩個數字加起來只有三五〇億美元，但是同樣的時間，大陸的外匯存底增加了六〇一億美元，顯然大陸已經開始利用這種收進美金放出人民幣的手段，希望能夠抑制人民幣升值的壓力。從基本面來看，人民幣絕對有很大的升值壓力，但是政策上它可以發揮很大的壓制力量，這個潮流到底它可以抵擋多久，如果短期之內人民幣該升而未升，對其他的亞洲國家，又有什麼樣的利弊得失？

黃天麟：以台灣的例子來說，過去民國 74 年、75 年我們抗拒台幣升值的結果，熱錢就進來了，使台灣的物價上漲，股票也大漲，日本也有同樣的情形。但是中國和台灣不太一樣，雖然標榜的是市場經濟，但是絕大部份還是管制經濟，所以在經濟上，中國大陸還是有辦法來抗拒人民

幣升值的壓力。如果我們以一般市場經濟的眼光來推測中國的態度，可能會有一點偏差，中國有可能會一直堅持人民幣的固定匯率，而且成為最大的得利者。

但是鄰近的國家，包括台灣、日本、東南亞，都面臨一個很大的問題：這十幾年來，只有中國在持續成長，其他國家的成長都是在下降的。1997年的東南亞金融風暴，老實說就是人民幣貶值的結果，受害的都是東南亞的這些國家。1997年之後，有的國家比較聰明一點，像韓國的幣值大貶了四十幾%；換句話說，東南亞各國的貨幣都應該要貶得更多，才能夠抗拒人民幣貶值的衝擊。像我們台幣貶值不多，這一點是一個問題，大陸熱可以說是人民幣貶值的一個結果。

謝金河：人民幣在1980年是一‧五元兌一美元，到了1990年貶到五‧三元兌一美元；但是這段時間，台幣兌一美元反而是從四十塊升到二十幾塊，相差了幾乎六倍。在這個情況之下，台灣的新台幣拿到上海那邊去很值錢，就創造了大陸熱。如果人民幣匯率一直維持在八‧三元，台灣、日本都會受到非常大的影響，相信其他各國

的聲音也會越來越大。台灣外匯存底現在增加的速度很快,一到七月已經高達一八二二億美元,外匯存底增加速度太快,台幣是不是有很大的升值空間?

黃天麟:現在看起來,人民幣應該升值卻沒有升值,連帶的使得其他的亞洲貨幣,沒有大幅升值的空間。因此人民幣越是不升值,其他國家貨幣升值的力道跟空間,當然就越小了。

謝金河:中國大陸從一個貿易小國逐漸變成貿易大國,到去年底,中國大陸貿易總金額大概佔全世界第五位。同時,兩岸的貿易依存度去年也產生非常大的變化,從民國38年以後,美國一直是台灣最大的出口主要市場,去年中國大陸已經取代美國,成為台灣最大的貿易出口市場。兩岸貿易總額的比重,從1991年的五‧八%開始一路躍升,今年1到4月已經高達十六‧五%。

兩岸貿易依存度愈來愈大,大陸已經成為台灣最大的出口市場,人民幣跟台幣之間的匯率變化,對未來台灣經濟發展,會產生什麼樣的影響?假使人民幣在未來兩、三年之內,升值幅度不大,台灣的新台幣怎麼走,會比較有競爭力?

黃天麟：如果以現在台幣兌美元一直維持在三十四塊，而人民幣又只有微幅升值五％、七％的情況下，可能會加速台灣的大陸熱，我們政府要非常小心。此外，政府一定要好好檢討對中國的經貿政策，所謂經貿政策，從字面上來看，應該是經濟和貿易連在一起的，但是回顧過去這十三年的兩岸政策，只有投資政策，並沒有所謂的貿易政策。

台灣對中國的出口貿易比重，如果加上香港的部分，已經超過三〇％。表面上看起來這個貿易是一直在發展，但實際上這些貿易是投資所反射過來的一個貿易，絕對不是真正在台灣生產產品，來出口賣給中國的那種貿易。2001年我們對大陸投資了一六〇〇多億美元，結果所得到的，我們對中國的出口是二四〇億美元。如果以韓國和日本的例子來比較，同一年韓國對大陸的出口是二一〇億美元，和我們差不多，但是韓國對大陸的投資不到二〇〇億美元；日本也是一樣，日本投資大陸的金額比我們低很多，但是日本對大陸的出口是四百多億美元，還超越我們。所以我們應該改善這種投資重於貿易的政策。那應該怎

麼做呢？我相信投資台灣優先的原則應該要貫徹，不能夠只講講而已，至於如何貫徹，就需要政府的有效管理。

謝金河：民國79年前後，台幣兌美金是一塊美金換二十五塊台幣，那個時候跑到大陸去投資，是非常好的一個進場點，享有很大匯率優勢。現在台幣的匯率已經從二十五塊貶值到三十五塊附近。

我們知道，黃顧問一向堅持新台幣應該貶值到四〇塊台幣兌一美元的主張。我們很好奇，如果台幣匯率現在真的來到一比四〇的話，台灣的經濟發展會產生什麼結果？包括李前總統，很多人對台幣應該貶到比較有競爭力的一個位置，都有相當的觀點跟看法，可不可以請黃顧問，把台幣匯率貶到四〇塊的妙用在那裡，告訴大家。

黃天麟：事實上，人民幣應該要一次升值三五％到四〇％，才能夠符合他現在經濟發展狀況；所以如果台幣能夠從之前的三十一元貶到四〇塊的話，貶值幅度約三〇％，等於是把人民幣應該升值的部份，我們以貶值來把它沖銷抵掉，如此一來，不論是投資台灣優先等等的政

策，就非常容易去執行。

我們後來只能夠貶到三十五塊，現在是三十四‧五塊左右，雖然是貶得不足，但是起碼大家應該都有感覺到，從三十一塊貶到三十四‧五塊這一年半中間，給台灣的傳統產業，多多少少有喘氣的時間，如果那個時候能夠一直貶到四○塊的話，我相信台灣經濟今年的成長率，可以達到五％。

謝金河：1997 年的亞洲金融風暴，使東南亞國家貨幣大地震，泰銖從二十二塊一下子變成五十六塊半，韓元也在很短期間內大貶。過去大家對匯率的敏感度還沒有那麼高，但是 1997 年之後，突然之間匯率波動非常大。依黃顧問來看，東南亞經過金融風暴的撞擊，這些國家的貨幣都曾經大幅貶值，貶值了之後，對他們基本的經濟競爭力，有多少助益？

黃天麟：這絕對是有助益的，1997 年的金融風暴之所以發生，可以說是貨幣問題，也就是人民幣貶值，再加上台商大膽西進，結果使得東南亞的經濟轉壞，就形成金融風暴。這個風暴可以說是貨幣重新調整的機會，而且是被迫調整；調

整之後，我相信在那個時點，不論是泰國、菲律賓的幣值，對人民幣來說，匯率都還在可以忍受的範圍。

但是大家要瞭解，1997 年之後，台灣把高科技產業移到中國去，使中國的生產力、國際競爭力，在 1997 年之後又提高了，但是提高的部份，在貨幣的價值上還沒有表現出來。所以中國競爭力提高的這部份，不是讓人民幣升值，就必須讓泰幣等這些東南亞貨幣貶值，如果人民幣不升值，其他東南亞國家的貨幣又不貶值的話，就會發生問題。

所以現在這些東南亞國家，雖然經濟稍微好轉，但是比起 1997 年以前的情況來說，還是差了一截。這部分還是要等到人民幣升值了以後，才能夠達到東南亞貨幣上的均衡點。而台幣就更特殊了，1997 年的時候台幣貶值就不多，所以這一點必須要注意。

謝金河：從過去二十年來看兩岸外匯存底的變化，台灣在 1983 年外匯存底首次超過一百億美元，中國大陸則是一直到 1990 年，外匯存底才到達一百億美元；1987 年台灣的外匯存底增加到七

百六十七億美元，這段外匯存底暴增的時期，剛好台灣創造了錢潮淹腳目，股價大漲二十倍，房地產漲了十倍以上的超級投資狂潮。到了 1996 年，大陸的外匯存底第一次超過台灣，從此之後，大陸外匯存底快速上升，台灣是緩步趨堅，台灣的外匯存底在近三年當中，成長了七百多億美元，中國大陸從去年底到現在就創造了六百多億美元，也是快速上升。

當然台灣現在股票上市的家數多了，房地產的供應量也非常大，外匯存底累積的速度並沒有超越 1980 年代，看起來是沒有這個能力重新演出很大的金錢遊戲狂潮，但是對我們現在的投資而言，因為資金比較充沛，有沒有比較明顯的助益。

黃天麟：外匯存底厚增對於台灣的股票和房地產是有幫助的，不過我們必須瞭解民國74年到79年間，台幣升值，湧入的熱錢大概是五○○億美元，這五○○億美元就造成「台灣錢淹腳目」，甚至不是淹到腳目而已，差不多淹到肚臍或是眉毛，但是當時台灣的總放款量還不到二兆元，現在已經是十五兆元，因此台灣的金融資產

大概已經膨脹七倍到八倍之多。

所以現在雖然增加了六、七〇〇億美元，如果依照民國74年的標準來看，應該要增加七倍，也就是大約三五〇〇億美元；如果三五〇〇億美元真正湧入台灣，台灣的房地產可能又會恢復到民國79年的那種水準，所以事實上，現在湧入的六〇〇億美元，和民國74年到79年的那個五〇〇億，不太一樣，程度上沒有那麼厲害，不過還是不無小補。

謝金河：我們如果用1980年代，台灣當時的金錢遊戲景況，來看現在中國大陸目前的這個情況，有一點點相近之處；第一，它的外匯存底上升速度非常快，人民幣開始放出來了，大陸的股票、大陸的房地產，有人開始投資，甚至開始買人民幣了。現在大家最關切的問題，假如未來人民幣長期看漲，這個時候有沒有辦法在人民幣資產，相對找到投資的機會？

黃天麟：這絕對是有的，像社長所說的，大陸的外匯存底，從1996年的一〇五〇億美元，到現在已經有三四〇〇億美元，短短的六、七年之間，增加了這麼多；再看看上海的房地產飆漲了

多少，那就可以知道，他們的成長力道還是很驚
人。尤其大陸的腹地這麼大，它的 GDP 現在是四
兆，大概是台灣的八倍左右，把三四〇〇億美元
除以八的話，只有四〇〇億美元，所以看台灣的
例子，以大陸現在三四〇〇億美元的外匯存底，
現階段對大陸的股票、房地產的影響，還只是相
當於台灣之前外匯存底四〇〇億到五〇〇億美元
的光景而已。

（先探週刊 1221 期　2003 年 8 月 22 日　對談）

金融改革中幾個急待釐清的觀念

最近「卡奴」成為家喻戶曉的社會問題，卡奴為卡債燒炭自殺者有之，搶劫銀行更是時有所聞。據稱，全台二十一縣法院保守估計每月要審理卡債案可能已超過數千件，僅台北地方法院就有一萬五千多件等待處理，整個社會為此付出的代價由此可知。尤令人恐懼的是，負責維護社會安定的軍人、警察亦淪為卡奴大戶。軍警公教人員是依職業別統計積欠卡債比率最高的行業之一，如果此時敵人施以銀彈，即再精實的精神教育、再嚴密的保防思想、再深入的國家認同，恐都無法抵擋其誘惑，「卡奴在軍中」的嚴重性由此可知。

可是十餘年前新銀行衝刺卡務，計誘消費者入殼時，媒體即是一片讚賞。還說，既可提高國民消費亦有助經濟發展，更可將銀行推上更高層次的服務。學界、輿論一面倒肯定其作為，對此

種發展誰敢批評，誰要求管理，誰就倒楣，都會被貼上思維落伍，跟不上潮流的標籤。但不出十年，卡務在今天的社會已造成了層層的危機，甚至危害到國家軍事的安全。

卡奴的這一段經驗告訴了我們，當今被視為是潮流，被認為正面、進步的社會判斷，幾年後都有可能，甚至經常證明是一大錯誤，到後來對國家社會都造成了災害，而且此種現象產生在金融層面的機率又特別地多。茲再舉例如下：

十餘年前，一群學早、專家齊說：「我國金融寡占是金融業界不長進的禍首」。民國70年代的金融界真的處於寡占嗎？其實不然，當時全台有二十三家銀行（包括中小企銀）五家信託公司以及十四家外商銀行，只是在產業界荷包滿滿的老闆都想染指金融但都被拒門外而已。於是就策動了媒體及學界，將公營銀行污名化，「終結金融寡占、開放銀行設立，才能提升金融服務，邁向亞太金融中心」乃成為金融革新的響亮口號，幾年下來，終被視為不可挑戰的理論正確。民國80年財政部終於順此理論正確，核准了十五家新銀行之設立。

　　十年後，我們所聽到卻是「銀行過多」的指責。這些專家又說了，「過多的銀行導致惡性競爭，使銀行資產品質惡化，造成金融呆帳與金融危機」。減少銀行家數，鼓勵合併就成為「必然」，也是「必須」，據此立法院三讀通過了金融控股公司法，並給了控股公司不少租稅誘因。僅僅十年，理論與認知變化之大，實在令人咋舌。顯然各種理論陳述之後面，經常有龐大的利益團體，這些團體為了利益，左右了學術機構，誤導社會輿論，影響政府的金融政策，誤謬就這樣產生。現在主張二次金改的官員說，台灣只要有四、五家銀行就夠了，如果此說成立，僅僅十五年前那些力主「終結金融寡占」的人在哪裡？弔詭的是，很多是同樣的一批人。

　　歷史的戲謔似乎正在重演。合併需要鼓勵嗎？可惜現在誰都不敢以此反駁它，每天報紙一翻，我們所看到的只是如火如荼的合併熱、金控熱，各場有關金融改革的檢討會上無不充斥一片「合併救金融」、「合併可提升銀行競爭力」、「合併才能與國際競爭」等論點，歐、美的專家投資顧問經常又是這些檢討會上的貴賓及主講，

所求的是希望從中分一杯羹。他們似乎將 1929 年美國、西歐所經歷的世界大恐慌慘痛經驗忘得一乾二淨。當然若被提起這一往事，他們也會說此一時彼一時也，時代在進步，銀行的風險管理已非昔日可比了。問題是銀行的風險管理真的已做到無隙可乘嗎？1989 年的第三國債務幾乎癱瘓了全世界的金融，十年後（1998 年）自稱避險基金的 LTCM 長期資本管理公司成為最不避險的公司，操盤的雖然都是一群擅長高深數字的專家，但最後還得美國的聯邦銀行出面解決迫在眉睫的金融大災。

　　銀行合併是不是就可以使合併後的銀行更具競爭力，更能服務社會？1933 年美國通過了限制銀行兼管商業及投資銀行之「格拉斯─史帝格法案」，但美國金融業在國際上之競爭力並未因此而式微，美國經濟及金融的霸權地位反而是在此一分業的時代確立的。（註：格拉斯─史帝格法案至 1998 年才被葛萊姆─李奇法案所推翻）。即使現在，美國銀行之集中度（前五大銀行之市佔率）亦不比台灣高，美國的銀行也不因此在競爭力上顯得比人家落後。1980 年代美國的銀行能擠

進世界前十大的一個都沒有，當時號稱世界第一的如今安在？（註：如日本的第一勸業銀行）。筆者不反對銀行合併，但對「合併可使銀行更具競爭力」的說法即持保留的態度，依過去各國合併之經驗，約七十五％是失敗的，僅二十五％發揮了綜效。

既然如此，怎麼還會有那麼多的學者、專家、投資機構熱衷於為併購辯護？因為很多的學者、專家、學術機構都依附於資本家及資本家所投資之投資機構，而最能滿足這些投資機構本性、慾望與雄心的經營方法就是併購，從而理論的展開到結論都會受到其指引，化為行動時，就是對國會的「遊說」。「合併救金融」、「合併可以提升競爭力」、「控股公司可提供一次購足（One Stop Shopping）之服務」等論述，就是我國制定金融控股公司法時的產物，金融重建基金條例制定前後同樣出現了「逾放拖得越久，代價越高」、「銀行逾放是阻礙經濟復甦的禍首」、「銀行逾放必須速戰速決」等之高論，目的就是為了有利於 AMC（資產管理公司）的立法。

大型化後的銀行是否如學者、專家所論述那

樣提升了對大眾之服務品質？下段是一小客戶的
投書（民國 95 年 1 月 20 日中國時報）：「當初
開放銀行的目的是為了打破銀行的壟斷，改善銀
行高高在上的態度，但就以我親身經歷的感觸來
說，一家原來是公營的銀行走的是穩健並照顧弱
勢的路線，後來和某財團合併後，優良的服務不
見了，一切向勢利看齊。…所謂金改，只是塑造
出蠻橫、目中無法而心中只有財團利益高於一切
的金融怪獸」。這可能是一群小客戶肺腑之言，
值得當政者參考。

　　到現在為止，國內仍有許多學者、官員經常
將韓國近十年的成就歸功於韓國 1997 金融危機後
之金融改革，他們說：「韓國就是因能壯士斷
腕，劍及履及推動金改才有今天的成就」。這也
是非常粗糙獨斷的假設與推理，值得商榷。因為
韓國的金融危機本質上與我國完全不同。韓國是
突發性的，出自韓國企業過度的對外借款。1997
年危機之前，韓國全體海外的負債達一千六百億
美元，其中一大部分是韓國銀行轉貸企業的對外
拆借，可是當時韓國的外匯存底只有三百多億美
元，給予國際投資客可乘之機。很快，韓國就陷

入外匯流動性危機，危機之前，韓國各種經濟指標如經濟成長、貨幣供給、房地產價格都是向上的。這一點與我國之銀行呆帳危機完全不同，我國的金融逾放是企業出走、房地產慢性下跌，跌到三十％多之後引發的「財產價格縮水型金融危機」，韓國即可稱為「企業擴張型金融危機」。病因不同，所需之藥方當然不一樣，內科病情去找外科開刀（如金改）或許也會病癒出院，但可能已花了一筆冤枉錢（如遣散員工、利潤AMC、財團）而不自知。

香港與新加坡是城市國家（註：香港即只是一特區），雖然它們前三大銀行市佔率都逾七成，但它們的產業結構與台灣完全不同，自不能亦不宜作為我們努力的目標。若我國法令對金控的投資併購日益鬆綁，將來金控公司所控制的將不只是金融，麾下必有串珠式的企業群，包括生產、流通與服務。所以政府應該及早注意「金控購併大戲」後的金融產業庫斯拉對社會的負面影響。

競爭力不一定就是價值，趨勢也不一定是真理，社會最後的價值應該是公平、公理、公正，努力的目標也應該是讓人民有幸福及向上的生活。

第 4 章　豈容商業利益箍緊台灣主權

阿Q式的自信論

上週五，中國宣佈奧運聖火之傳遞決採「南韓—越南—台北—香港—澳門」路線，並表示台北、香港、澳門屬「境外路線」，不是「國際路線」，目的當然就是要向世界宣示「台灣是中國的一部分」。民進黨政府在第一時間就表示拒絕聖火入境，同時表明北京奧運若於名稱、用語及聖火路線矮化台灣主權，政府絕不接受的嚴正立場。這是民進黨七年執政對中國展現骨氣、最有擔當的一次，值得國人支持。

可悲的是，中國國民黨前主席馬英九對此中國壓矮台灣地位的作為，不但無絲毫憤怒之意，反而嗆了一句「有自信怕什麼！」質疑民進黨政府「為什麼不對台灣多一點信心？」

1970年代建立的奧運模式，台灣被稱為「中華台北」，不能掛出國旗，嚴重矮化了台灣的地位。現在中國還要利用舉辦北京奧運的機會，壓

矮台灣。做為「台灣人民」的馬氏，真的願意以
國家主權來交換聖火來台？馬氏的「自信論」再
次讓國人質疑他對國家的忠誠，及做為總統候選
人的適格性。

　　不過我們也要自我警惕與反省，馬氏的「自
信論」並不是馬氏的專利。幾年前「新潮流」就
已創造了「自信開放」的名言，說「怕什麼產業
西進？我們要自信，要對台商有信心！」換言
之，只要有自信就不怕對中國開放，包括晶圓登
陸、解除四十％限制、直航及兌換人民幣，都可
以「自信」地鬆綁。

　　歷史也在告訴我們，新潮流的「自信論」，
明的暗的已主導了民進黨政府七年的對中政策。
2001 年「經發會」後的積極開放（三、四個月內
開放了工業產品七千多項登陸），就是「自信開
放」的積極表現。它幫助了中國產業快速升級，
讓中國一舉躍升為世界第二貿易大國，累計了一
兆二千多億美元外匯存底，在國際上肆意打壓台
灣。去年 7 月，行政院主導的經續會，整套議程
的主軸也是「自信開放」（註：經續會很多開放
案受本土派之反對未通過）。

　　問題是「自信開放」與「國家主權」能並存嗎？這與馬氏的「自信迎聖火」有何兩樣？結果都會使國家主權泯滅。為包機直航、銀行登陸、陸客來台觀光而開的「民共談判」，民進黨政府不是也一樣正在消耗台灣的主權？中國已明講包機直航就是國內航線，但我方還是死心塌地要以「複委託」、「擱置主權」的自慰模式尋求突破（註：據報我方已拒簽觀光協議，令人欣慰）。就是因為行政院充斥這樣阿Q式的思維，我方奧運代表才會在今年2月糊塗透頂簽署中國所提的「越南—台北—香港」路線。

　　希望政府這一次能「有始有終」，堅拒中國藉聖火矮化我國主權的勾當，也不要初選一過就「乾坤大轉」，再來一次「自信開放」。「包機直航」與「聖火過境」對矮化台灣主權意義上沒有兩樣，但後果更為嚴重，後者的衝擊是一時的，前者卻是連續性的，更能突顯「台灣是中國一省」的中國主張。我們絕對支持政府任何捍衛國家主權的決定，但不要有兩套標準，更不希望只是選舉的花招。

（自由時報　2007年5月1日）

歐洲統合五十年，幸福嗎？

前月（3月）25日歐洲聯盟歡慶成立五十週年，此間報紙亦都以不少篇幅報導其成就。由歐陸六國的羅馬條約開始，到發展成為二十七個會員國，以和平手段經過漫長的溝通討論與磋商的歲月，終使各國放棄部分主權，達成高度互相開放、統合稅制，採用共同貨幣的經濟共同體，其耐心與堅持確值得我們欽佩與學習。

但歐盟是否如他們所稱，透過規模之擴大可強化企業及整體國家競爭力，從而帶給各會員國實質的利益？答案似乎是否定的。根據金融時報與哈里斯公司聯合進行的調查顯示，近五成的民眾認為生活變得更糟。此種感受在英、法都超過五十％，義、德也接近五十％，至於認為加入後生活變得較佳的總計不到二十五％，英國最差，只有十來個百分點。

為什麼會有相反結果？統合後規模的擴大確

實加強了企業的經營能力，方便資源之整合，但同時也增強企業對市場之控制力道，透過價格、廣告等操作，扭曲市場機能，最後企業得到利益，消費大眾深受其害，這是許多歐盟民眾感覺不到好處的原因。我國金改後，民營銀行之壯大並未使中小企業或一般民眾受惠卻造就許多卡奴，全球化後南北差距不但未能縮短M型社會之對立卻越形顯著，亦都出諸相同之原因。

「國大即官也大」，這是大國揮之不去的原罪。歐盟的另一問題就是官僚。加盟各國除有議會、政府之外，還有歐洲議會、歐洲央行，疊床架屋的結果，歐盟在民眾的心目中，五十年的貢獻除促進區域和平外，就是它造就出一批新的歐洲官僚，雖然試圖予以改進，但至今成效有限。

既然如此，為什麼產、經、學、政各界都把歐盟、區域整合、全球化奉為不可挑戰的經濟正確呢？這是資本主義的本質使然。馬克思主義前的資本主義也好，之後的社會資本主義也好，即使當今的全球資本主義也好，握有資本之資本家經常是社會資源之控制者，對學校教育、學術的走向、是非的詮釋，均可透過捐贈、經營權之取

得而具較大之影響力，甚至使其成為代言者。而
FTA、區域整合、歐盟、全球化均能由經營範圍
之延伸，擴大資本活動之空間，成為資本家之最
愛，因此民間所聽到的當然是一片歌頌之聲。

　　到現在為止，西班牙與愛爾蘭可以說是歐洲
統合的兩大受益者，它們共同的特色是與歐盟結
合之時，其經濟發展之層次較低，因此加盟後獲
得層次較高的德、法、英之資本大舉挹注，使其
加倍成長，不出幾年，病夫變成勇夫，資本家獲
得一時的整合利益，但原來的經濟大國如德、
法，卻因資本及人才之流出而大受影響。

　　同樣的問題也產生在中國與台灣之間。台、
中間之經濟統合雖有台灣政府之一些政策限制，
但因語言相同（註：歐盟間仍有不同語言之隔閡
問題），加上中、台間所得水準之差距，使僅僅
十六年之整合期間，台灣流至中國之資本就達三
千四百億美元，人才一百多萬人，速度之快，熱
度之高，遠非歐盟所可比擬，造成了台灣由四小
龍龍頭掉進龍尾的結果。搶進中國的台灣資本家
獲得了利益，但台灣的民眾卻也因此受 M 型社會
快速形成之害。希望台灣能多看歐盟，看看自

從 MOU 談自棄主權

月初，WTO 於日內瓦召開漁業補貼問題國際研討會，中國官員強行逼迫研討會秘書處將大會所有文件有關我國的國名全數改為「中國‧台灣省」，我方代表團屢次抗議無效，大會秘書處人員僅低調表示遺憾，最後仍未更正名稱。為此，台灣北社也發表聲明，強烈指責中國之霸權行為，陸委會最後以「如果中國一味從政治上看台灣問題，採取兩手策略，相信台灣民眾可以看得非常清楚」來自我安慰一番。

台灣的民眾真的如陸委會官員所言，「可以看得非常清楚」嗎？遺憾的是，我們不僅不能期待台灣民眾「可以看得非常清楚」，就連執政的政府官員也不一定看得清楚，甚至還會盲目地帶領台灣的民眾往中國所鋪設的統一之路直衝。

此話並非無據。事隔僅十天，民間組織的台灣金融服務聯合總會（以下簡稱金總）理事長證

實，他將於4月初赴北京與中國國務院層級人士
洽談簽署兩岸金融監理備忘錄（MOU）的可行
性。一個民間人士何能何德，有此權利與中國官
方洽談事涉雙方主權的 MOU？當然是在政府高
層默許下的行為。北京一直向世界宣稱台灣是中
國的一省，兩岸關係屬於國內事務（即台灣政府
是不存在的），北京會見台灣民間組織，如金總
之覲見中國國務院人士，等於是人民向政府陳
情、申辦一樣，係屬國內的官民關係，我方政府
明知而委曲求全，無異自我放棄主權、自我向世
界示意兩岸問題是中國內政問題，至少可解讀為
台灣政府釋出了對中國政府所稱之「中國之一
省」，雖不滿意但可以接受的信息。

　　在日內瓦，台灣聲嘶力竭地抗議，同時在北
京，又與中國之官員在中國「一中」的原則下大
談週末包機、銀行登陸、金融備忘錄等迎合中國
「以經促統」、「終極統一」的變通辦法，你不
覺得荒誕嗎？國際人士不會不覺奇怪嗎？他們必
定在內心說：「不管中國如何打壓，台灣還不是
照樣與中國媚來媚去。是不是患了人格分裂
症？」久之，台灣的抗議就成為無理取鬧、惹人

討厭的舉措。近幾年，國際之所以越不理會我方抗議，在國際書刊或網路「中國，台灣」之所以常被使用亦與此有關，咎由自取，我們完全不能責怪人家。

當然我們也不能責怪中國，因為「併吞台灣」是北京賦予其官員的責任。當他們發現越打壓，台灣越會委曲求全，對中國越會開放，越能達成「以經促統」的終極目標之時，若不進一步「無不用其極地圍堵台灣」就是失職。

此次 WTO 對台灣之蠻橫舉動，還是換來台灣在「民共談判」中更為柔軟的態度，高高興興地派遣金總理事長赴「京」洽談金融監理備忘錄。

他們（北京）現在似乎已確信，只要持續打壓台灣，堅持一中，再給予蘿蔔，台灣終將會讓奧運聖火繞道台灣。為了財利，台灣絕對上鉤。

但願此一判斷是錯誤的。

（自由時報　2007 年 3 月 27 日）

宋人議未定，金兵已渡河

軍購案預算民進黨政府在 2004 年 6 月提出後，至今已延延二年五個多月。二年五個月的蹉跎不算短，其間中國在對岸所部署瞄準台灣的飛彈幾已倍增，中國也自俄國購買包括現代級驅逐艦及基洛級潛艦的先進武器，使兩岸軍事情勢日漸失衡。據報告，北京已擬妥對台「七日戰爭」計畫，危機顯然已迫在眼前。由於此軍購案最初是由國民黨執政時向美國提出申請，政黨輪替後由布希政府所批准，所以嚴格說，此軍購計畫至少已歷經七年的歲月了。我們真的無法想像這七年是如何虛擲的。

其實台灣的危機還不只是在軍事面，國家認同的分歧也使我國的社會動盪不安。日前，現任教育部長只因將台灣史單獨成冊做為教材就被指在「去中國化」，立法院裡被轟得體無完膚，還被要求下台。大中國的思想教育仍然充斥於整個

教育體系，使連大學生對台灣的歷史地理亦茫然無知，認為大戰期間轟炸台灣的是日本，而鬧成笑話（註：是美軍）。

　　台灣經濟快速向中國傾斜的「經濟統合」即是台灣最大的危機，而國家認同之薄弱、大中華之思想教育，即是中國「以經促統」的有效武器。憑此，近十五年的經濟交流中，中國自台灣成功吸去了三千億美元（約十兆新台幣）的投資性資金及附屬的技術、管理與市場。台灣的經濟動能、經濟成長率因此相對逐年下墜，引發了失業與民怨，政治版圖迅速向藍移動。傾中媒體也因此如虎添翼，成功控制了我國的輿論方向，他們極力污衊「戒急用忍」政策，針砭「積極管理」，歌頌「直航」、「產業西進」與「銀行登陸」，立法院亦為兩岸人民關係條例的直航條款而吵得雞犬不寧。

　　今年七月經續會有關「包機」、「四十％上限」的激烈攻防，亦同樣凸顯出台灣島內嚴重分歧的本土與中原之爭，政府及泛藍思維之混亂、敵我之不明，與南宋主和之秦檜、高宗幾無兩樣，主戰之岳飛、張俊最後受到無情的貶抑。

　　隨伴於經濟的,就是政治之紛爭。由泛藍媒體精心設計、爆料揭發的 SOGO 禮券案、國務機要費風波,日積月累,終於演變至九月的凱道紅潮。紅衫軍之倒扁抗爭於九一五的螢光圍城及 10 月 10 日的天下圍攻達到高潮,隨後在民意壓力下動力大減,但一波未平一波又起,上週五台北地檢署對第一夫人的起訴,又掀起台灣政壇難以預料的衝擊,政爭之激化恐難避免。我們所擔憂者是,國家機器可能因此空轉,泛藍陰謀即漁翁得利,前週二立院第六十二次阻擋了軍購案之付委,甚至有「軍購綁直航」之議,政府會不會以犧牲主權來換取另一個妥協?看來「宋人議未定,金兵已渡河」的歷史正要在台灣重演。

　　　　　　　　　　　(自由時報　2006 年 11 月 9 日)

採購新導航設備應以國安爲優先

日前我國民航局招標採購新的導航系統 CNS/ATM，據報得標廠商泰雷茲（Thales）與中國航天科技集團合作成立「天泰雷茲」分司，發展導航設備，台灣飛航情報顯有被竊得之虞，為此，關心台灣國家安全的立委在立法院交通委員會緊急提出質詢。

民航局長張國政的答覆是：「最後入圍三家洛馬、雷神及泰雷茲都與中國大陸有生意往來，也都跟中國有關係」，至於軍機外洩疑慮，他強調招標過程中，民航局召開了十幾次內部會議，軍方都沒有提出意見。

不過，國防部官員表示：空軍作戰指揮部官員在 8 月份參與民航局導航系統座談會，確曾對此提出質疑，希望民航局審慎考慮，現在該招標案已結標，國防部只能退而求其次，加強國內系統的保安。

　　民航局的官員真的顢頇到看不清「有生意往來」與「投資合作關係」的區分嗎？如果說軍方確實在導航系統座談會中曾提出質疑，而內政部民航局仍一意孤行，則其間所涉及的專業及忠誠問題就相當嚴重，國家安危寄託在此等人之上，實令人無限擔憂。

　　才在民航局招標的七個月前，印度政府也有金額高達二億七千萬美元孟買港務信託碼頭之國際競標，我國長榮集團也參與競標，但被印度政府以「安全」理由認為資格不符，拒絕其申請標案。

　　印度政府之顧慮是有根據的，他們認為長榮在中國有龐大投資，亦與中國寧波北崙港簽約建造第五、六號貨櫃碼頭，而有利害衝突與國安顧慮之問題。

　　平心而論，當今印度的國安穩如泰山，憑他的十億人口與廣大土地，大可展現大國之風度與氣派。但印度畢竟是一正常國家，他們的官員對國家安全還是錙銖必較，毫不馬虎。相較之下，我方官員實在令人汗顏。

　　加強國內系統保安就能防範洩漏軍機嗎？我

們認為此種說法猶如「拆除城外圍牆，加強城內防備，仍可抵禦外寇入侵」一樣的不負責任。

可拆除城外圍牆的論點是：「軍方有自己的航管系統，如果真的需要構聯，也會有保密介面」。但安全絕不能只靠一道防線是常識問題，何須自拆原有的外環安全帶呢？

一位航管人員表示，航管系統軟體中的原始碼（Source Code），如果中國輕易取得，或由中國設計，未來一旦戰端啟動後，可能輕易進入我方的戰管系統。

我國的民航局長去年 1 月 29 日興奮地以「歷史性之一刻」感言，迎接了兩岸春節包機之啟航，今年參加廈門兩岸包機首航時，亦以「兩岸應快三通」予以期許，但優秀的飛行員未必就具敏銳的國安觸角，希望民進黨政府對此次新導航系統所引發的國安問題千萬不要掉以輕心，及時亡羊補牢，不然，有一天當對岸紅軍如入無人之境，席捲台灣之時，修憲、制憲、大投資、大溫暖均將是多餘的。

（自由時報　2006 年 10 月 10 日）

凱道紅潮超限戰

倒扁靜坐登場，發起人施明德揚言「不是你倒，就是我亡」，大有背水一戰、「壯烈成仁」的意圖。不管這倒扁運動的「納斯卡線」要表示什麼，將來會帶給台灣什麼樣的命運，有一件事是幾可確定的，即台灣已捲入了中國「超限戰」的熾烈戰火之中，台灣實際上正處於準戰爭狀態。但令人擔憂的是，國人及政府猶不知「國家危在旦夕」的事實。

什麼是「超限戰」？超限戰是中國解放軍提出的嶄新兵法，在此概念下，戰爭的「手段無所不備」、「信息無所不至」、「戰場無所不在」。在「超限戰」裡，「今天世上的一切沒有什麼不能成為武器」的，一次電腦病毒的侵入，一次人為的股災，一次被抖出的敵國首腦的緋聞，統統都可納入新概念武器，用以陷陣制敵。媒體當然就是這一超限戰的絕好武器之一。

　　因為台灣的主要媒體經過了外來政權五十多年的壟斷經營，其內部結構已建立起深厚傾中的意識形態，這正是中國超限戰可利用的舞台，而被利用的媒體有時是有意，有時是無意的。5月中旬爆發的台開案，開始有人說是偶然，但由所爆出的某月某日時在那一飯店做那一件事等等消息、資料、相片看來，係有一相當龐大組織及有精細計畫的行為，且已深入到情治、檢調的領域，舞台的縱深還擴大到海外（如澳洲），種種跡象顯示，這已是中國對台超限戰的一環。

　　要顛覆一個政權，其捷徑是斬首。因此媒體對民進黨總統之抹黑，是無所不用其極。媒體的效能是，它能耳濡目染日久生情，因此它能誘導民意。幾個月下來確已收到成果，民調對陳水扁總統之支持度隨著劇情之展開，由1994年9月的五十三％節節下降，SOGO案之後的4月已跌至二十二‧三％，發票案使倒扁之火直接燒到府內，甚至許多民眾（五成）開始認為總統府不清廉（註：均為中時民調），終給查黑中心插手國務機要費的正當理由。

　　此一以親中媒體為舞台的超限戰，不管倒扁

靜坐會如何收尾，確已成功達成了二個目標：
一、國務機要費不再是「機要」之後，台灣無異
於自我解除了外交戰的武裝。大家都了解外交戰
有明的一面，也有暗的一面。面對只有明的台
灣，明暗雙全的極權中國對台之圍困，往後將更
為得心應手。二、有效瓦解了本土勢力。不管是
深綠或淺綠，為了挺扁或倒扁，綠營已分裂為
二。

當然無風不起浪，事情之會演變至此，超限
戰之所以得逞，也是民進黨政府六年施政的結
果。就大眾媒體政策言，2000年政黨輪替，人民
給予民進黨改變過去媒體極端偏頗傾中的機會，
這是民眾的期待，也是新政府的責任，因為平衡
而具正確國家認同的媒體生態是民主政治有效營
運的條件。但民進黨政府不但虛擲了六年，置先
天不足的本土媒體於不顧，讓其自台灣的土地上
消失（如自立、台日）。開放報紙登陸銷售的也
是民進黨政府，當然主張台灣主權獨立的台灣主
體性報紙就被擋在中國之外，無異政策性補助統
派媒體。蘋果日報之能在台發刊也是民進黨政府
的「德政」，但只要看幾天，就可了解它的基本

立場。台灣媒體生態之演變至此,民進黨政府可以說厥功至偉。作繭自縛,世上諷刺的事莫過於此。

（自由時報 2006 年 9 月 12 日）

大前研一的預言正在實現

2002 年日本出了一位作家大前研一，他大膽預測「2005 年中國、台灣統一」，並斷言 2004 年總統大選的競選主軸將不再是「要不要統一」而是「如何統一」。大前研一的「大膽預測」並沒有實現，反而是主張一邊一國的綠營贏得了 2004 年大選。二年的時光過去了，現在回顧起來，大前預測的時段是錯了，但方向似乎是正確的。

正如大前所言，台灣是以「驚人的速度」將生產基地移到中國。他說，「台灣領先中國的關鍵優勢在 2000 年就已逐漸消失，到 2008 年時，台灣所有的優勢中國都將複製完成，台商的價值也將隨風而逝」。前天（3 月 28 日）聯合晚報有如下報導，「包括廣達、仁寶、緯創、大眾、鴻海等電腦代工廠商的製造基地幾乎九十％在中國，所以美國國務院此次購買的一萬五千台電腦

都是 Made in China」，印證了大前研一所言不差，也印證了中國「以經促統」的大謀略正在發酵。

然，「以經促統」最大的功效還是在政治面。因其可以透過經濟之統合、商業利益之交換，麻醉台灣內部的台灣意識，將其嵌入「大中華」利益體之內，逐步予以消化。幾年前，中國台商面對國人時，還有些罪惡感，現在台商在政府面前已如天之驕子，幾年後他們將是台灣治權所不及的存在。幾年前，作為政治人物誰敢輕言「朝京」？現在不但已可大膽接受北京的貓熊，甚至還大談「聯共制台」而不受國人之譴責，這就是「以經促統」的偉大功力之所在。

對此現象，美國「外交事務」雙月刊也有一段相當接近實情的報導，它分析說，「2001 年中國成為台灣最重要的出口市場，2002 年超過一半的台灣海外投資是到中國，2005 年中國市場已吸收台灣四成出口，中國不必開槍，已足以令台灣陷入混亂，台獨運動正在消退，國民黨已不再擔心被稱為『大陸黨』，民調顯示四十六％相信中國國民黨最有能力處理兩岸關係…」。日前台北

市長馬英九訪美，所談不僅僅是松山直航或經濟
整合，而是如何統一的「暫行架構」，他並示意
中國聯合次要敵人（中國國民黨），共同打擊主
要敵人（台獨）。

　　顯然「積極開放」與「穩定的兩岸關係」，
日益壓縮了本土勢力生存的空間，相對鞏固了
「馬一中論述」的基盤，加速了「終極統一」的
時間表，中間選民已嚴重向中國靠攏，正名、制
憲等本土訴求逐漸鼓不起人民之共鳴與參與。
「進一步的經濟統合」即日漸成為不移的「政治
正確」。以此次行政院公布的積極管理政策「配
套機制」為例，令人驚訝的是，主要反彈並非來
自反對派的國、親兩黨，而是執政的民進黨內
部，甚至還有人揚言在今年 7 月的黨大會中提出
「中國政策決議文」，要求開放兩岸經貿路線。
看來中國的「以經促統」如人體的癌細胞一樣，
已經擴散到台灣的每一角落，連民進黨內亦不能
倖免。民進黨如此，夫復何言，看來大前研一的
預言正在成熟！

（自由時報　2006 月 3 月 30 日）

「反分裂法」逼出「終統」

前天（3月14日）是中國人大會議蠻橫通過「反分裂國家法」的一週年，若加回顧，也是台灣統獨爭議最為尖銳的一年，泛藍政、商、學，過去所有隱藏在內心深處的「大中國」思維，在這一年似乎深受「反分裂國家法」戰鼓之激勵，通通顯形暴露在國人眼前，也給國人一次分辨是非的良機。

就在全國國人策劃「三二六民主、和平、護台大遊行」反對中國侵略的前夕，中國國民黨宣布指派其副主席訪中，赤裸裸地展開了往後一連串「聯中、制台」的賣台把戲。

4月26日，中國國民黨主席率先朝共，親民黨主席當然也不甘落後。泛藍政黨領袖之北京朝拜至7月13日新黨主席結束「民族之旅」而告一段落，但卻也助長了中國統戰的神功，成功將台灣分化為二，製造了「一台兩制」之局。在北京

之撐腰下，泛藍視台灣政府如無物，我行我素發表聲明，大談「兩岸一中」，儼然如另一政權，並「大主大意」接受了中共的三大禮物——貓熊、水果登陸及開放中國人來台觀光。利誘之下，省農會開始偷跑，擅自與北京中國商務部溝通，他們甚至指控政府，「高科技都可以去，為何農民就受限制？」

統派之顯形及泛藍之囂張，對台灣而言是危機，本土派的銳氣大挫。整個政府機器深深沉醉於「和解共生」的美夢，廠商之西進依然，整體台灣持續向中國傾斜，綠營氣勢江河日下，泛藍之氣焰，因去年 12 月，三合一選舉泛綠之潰不成軍，而達到高峰。得意忘形的泛藍共主，就在此時面無愧色地道出了中國國民黨的終極目標——「統一」。顯然，到這一時段中共制定「反分裂國家法」的策略是成功的。

不過危機就是轉機，經過一段沉慮與思索，陳總統似已體認到中國「以經促統」對台灣政治光譜的可怕衝擊，斷定「和解共生」之不可行，在元旦文告中明確推出「積極管理，有效開放」的兩岸新經貿政策，並於 1 月 29 日拋出將嚴肅思

考廢除國統會、國統綱領之議題。

經過一段與內、外「反廢統」勢力之拉扯與角力，2 月 27 日總統宣布了國統會終止運作，國統綱領終止適用之決定。有人說，國統會、國統綱領本已形同放在字紙簍的木乃伊，無須拿來做文章，可是從近日來中國、泛藍及美國之反應看來，它仍然是一則不折不扣的緊箍圈。我們不得不在此慶幸，台灣終於獲得解脫，將台灣之將來正式交給兩千三百萬人民的自由意志來決定，總算對「何謂現狀」奪回了部分發言權。

塞翁失馬安知非福，若不是中國蠻橫制定「反分裂國家法」，撕廢了四不一沒有承諾之前提，台灣可能也無充分之理由將此「終極統一」的緊箍圈丟入字紙簍。

溫故而知新，值此中國「侵台授權法」一週年，我們再次呼籲國人，「維持現狀」的最可行方法是，不屈不卑作出相對的反應，雖然姍姍來遲，終止「國統」後，總算台灣已踏出了一小步，而「積極管理廠商西進」即是另一大步之開始，也是台灣在這一場戰役能否轉敗為勝的關鍵之所在。

（自由時報　2006 年 3 月 16 日）

愛爾蘭為什麼成功？

國內某報突然心血來潮，花了四天，用了五大張版面報導愛爾蘭由貧困農業國一躍成為科技國，每人 GDP 超越四萬美元的成功史，並以「不必抓著主權不放更有空間」、「小國需了解大國以求生存」、「積極結盟走出孤絕」等次標題稱讚愛爾蘭政府之能捨與智慧，再以「愛爾蘭這一小國，地理、政局、經濟策略都與台灣有許多類似，卻不被過去所牽絆，往前走出一條新路」來影射台灣未能「以胸襟放下悲情，以智慧開創未來，以勇氣擁抱世界」。愛爾蘭經濟之成功是不爭的事實，但把愛爾蘭處境與台灣相提並論，已摻雜了太多意識形態的偏頗詮釋，令人不敢苟同。

北愛爾蘭長達數十年的殺戮，主要出諸南愛爾蘭（以下稱愛爾蘭）主張對北愛爾蘭擁有主權，而製造恐怖攻擊的愛爾蘭共和軍（IRA）即

是要求北愛歸屬愛爾蘭之組織（註：北愛爾蘭有較多的居民不贊同與愛爾蘭統一）。這與中國一直主張擁有台灣主權，而台灣島內仍有一群主張台灣應與中國統一的人，經常示威鬧事極為相同。北愛爾蘭歸屬之糾紛，直到 1998 年北愛爾蘭通過和平公投，愛爾蘭以高達八十％的投票率同意放棄對北愛爾蘭之主權而獲和平解決。與此舉相稱的意涵，在台灣即是「台灣舉行公投，中國同意放棄對台灣之主權」。是以該報「不必抓著主權不放更有空間」這一句話，顯然是找錯了對象，希望該報能到中國說給中國聽，這樣才是正道。

　　依筆者所知，IRA 反抗期間，倫敦等地經常遭受恐怖攻擊，但未見英國政府搬出飛彈的恐嚇或提攻打愛爾蘭之言論與舉措，此一期間英國（屬大國）之因應幾可以「打不還手」、「罵不還口」來形容。所以「小國需了解大國以求生存」的說法，顯然顛倒了事實，有故意誤導之嫌。

　　1998 年，主張與愛爾蘭統一的 IRA 能接受公投的結果，放下仇恨與悲情，確實需要大智與勇

氣。我們也希望主張與中國統一的泛藍同胞們學
學愛爾蘭的智慧，接受公民投票決定台灣的前
途，共同為台灣之美好將來打拚。

台灣的人民不是不知道「積極結盟走出孤
絕」的大道理，只是到處都碰到中國無情的打壓
與阻撓。真的希望該報能說服北京，請北京從愛
爾蘭擷取智慧，放棄台灣之主權，同時也可學學
英國之風度，不要恐嚇小國，不再阻塞台灣之國
際空間。

總結一句話，愛爾蘭的成功，是因為愛爾蘭
沒有一個如中國那樣經常以飛彈、武力否定愛爾
蘭主權的惡鄰。愛爾蘭主權自始就是獨立的，沒
有人予以否定。報載，台北市長馬英九此次也千
里迢迢到愛爾蘭取經，我們希望馬市長所取的
經，是「愛爾蘭放棄北愛主權之偉大智慧」，進
而請中國放棄對台灣之主權。

愛爾蘭經驗告訴我們，繁榮需要和平，但和
平之鎖是在北京，北京要不要放棄台灣之主權，
難道該報想要影射的是，要台灣放棄自己的主權
嗎？

（自由時報　2006 年 2 月 23 日）

廢除經濟版國統綱領

陳水扁總統新春一席「考慮廢除國統會與國統綱領」的談話，連日來引發政壇正、反雙方的激烈攻防。國統會、國統綱領該不該廢止？當然要廢止。因為該綱領已先替人民決定了「統一」的前提，剝奪了人民選擇的權利，只有想要和中國統一的人才會贊成保留國統綱領。

但本文亦要提醒國人，台灣當前之國家定位爭論，除了上述國統會、國統綱領外，還有一套更為難纏，更易混淆是非的「經濟版國統綱領」，有待大家來討論並廢除。

2001年10月20日民進黨全代會通過了「開創台灣經濟新局決議文」，將經發會的「積極開放，有效管理」予以納入。由於該決議文之效力等同黨綱，成為當今民進黨政府施政的準繩。雖然該決議文未明言經濟統合、共生或將來之國家統一，但「以積極開放，有效管理模式，將中國

的市場與資源納入台灣產業全球化佈局之一環」
的政策方向，已隱隱約約迎合了中國「以經促
統」的大戰略，注定了中國經濟展翅高飛，台灣
即處處挨打的局面。

當國民黨主席馬英九為他的「終極統一」論
面對排山倒海的批判時，他說了一句，「國統綱
領就是這樣寫的」。同樣，元旦陳總統提出「積
極管理，有效開放」的兩岸經貿政策方向之後，
就有一批人提「有違黨綱」的質疑。國統會與國
統綱領是什麼？論其真，它只是當時黨政合一的
產物，不代表民意亦不符合人民需求，馬英九的辯
解當然激發了全體人民更加思考廢除國統綱領的
決心，同樣 2001 年的經發會亦只是部分西進論
者、學者、官員及中國台商之「傑作」，所達成
的共識，只代表二千三百萬人民之一小部分意
見，絕非全部，充其量只能作為參考，自不能作
為國策或納入於黨綱。

「積極開放」對台灣之傷害已歷歷在前，我
國製造業海外生產（主要是中國）已突破四十
％，去年資訊、通訊產品七十三‧六％在中國生
產，筆記型電腦更是已到百分之百，海外投資九

十％集中在中國，隨之台灣港口的出口貨品日益減少，連帶傷害了轉運業務，中國即一躍成為高科技產品第二大生產國（世界上沒有一個國家的經濟像台灣這樣過度依賴中國的）。

　　但積極開放最大的傷害還是在於「西進資敵」行為的正當化。它在國人社會造成「中國非敵國」，甚至是「施惠國」的偏差概念，成為連宋的「聯中制台」引不起國人強烈譴責，及去年年底三合一選舉藍營仍然大勝的主要因素。這就是中國「以經促統」、「以商逼政」的精華所在，只要中國堅持「以經促統」，台灣持續執行「積極開放」政策，一唱一和，將來還會進一步演變成親中統派之執政，而連接到中國併吞台灣的「終極統一」目標。

　　國統會必須廢止，因為它以統一做為終極目標，同理「積極開放」的經濟黨綱亦必須拋棄或修改，因為它同樣會帶領台灣走向「終極統一」的不歸路。陳總統經過縝密的思考後，終於提出了積極管理的新方向，大家還在猶豫什麼呢？

　　　　　　　　　　（自由時報　2006年2月16日）

反分裂法 vs.國統綱領

陳水扁總統春節大年初一發表「新春願望」時指出，新的一年他將嚴肅思考是否要廢除國統會、國統綱領。這是陳總統繼新曆元旦文告之後，再一次明白地告訴國人，台灣將要走自己的路，不再被鎖在中國的經濟及政治鐵框架之內。我們握手慶幸希望國人賜給總統信心，不再受國內或國外壓力而改變初衷。

AKS（會氣死）的是，中國國民黨主席的反應竟然是一句「背信行為」，且以橫暴的口吻威脅說，「會讓他付出應有代價」，儼如以北京在台代言人自居。

背信行為嗎？

不！只要心在台灣，所有的人都會認為國統會、國統綱領該在去年3月14日北京通過了反分裂國家法之時，即應予以廢除，當然亦無什麼「將嚴肅思考」之問題。

　　中國的反分裂國家法是以法律授權中國極權政府對台使用武力的「戰爭授權法」，等同於另一形式的對台「宣戰」行為。

　　中國軍方亦不斷地增加對台的攻擊性飛彈，中國「解放軍」亦據此明確訂定 2007 年之前全面形成應急作戰能力；2010 年之前具備大規模作戰能力；2015 年之前具備決戰決勝能力一舉解決台灣。這不是時時刻刻改變現狀嗎？

　　我們必須了解，陳總統兩次就職所提「四不一沒有」是以「只要中共無意對台動武」為前提的，但中共的戰爭授權法已很露骨地表達了對台動武之意向，並已付諸實施之中，顯然陳總統之保證已因中國當局之片面撕廢前提而回歸為白紙。

　　世界上那有「我可毀約，我可片面改變現狀，但你不可」的橫理？

　　請在野的領袖們不要再「嚴於律己寬於敵人」了，中國已以戰爭授權法背信毀約在先，此時縱容姑息中國惡霸的行為，只會對台灣造成傷害，面對中共不時地改變現狀，「維持現狀」的最可行方法是不屈不卑，做出相對的反應；廢除

國統會絕對是起碼且是必要之反應，只有這樣才能達到「維持現狀」的現狀，這也才是「維持現狀」的真義之所在。

（自由時報　2006 年 2 月 3 日）

人為財死，國為商亡

美國國務卿鮑威爾 10 月 25 日在北京接受鳳凰衛視專訪時指出，「台灣不是獨立的，並不是享有主權的國家，兩岸都應尋找機會展開對話，朝向和平統一」。由於事出突然，引發國內政壇一陣震撼與錯愕。

所幸，鮑威爾返回華府後第一時間就加以澄清，將「和平統一」改稱「和平解決」，美國國務院也向台灣重申「六項保證」的承諾不變，一場風暴就此打住。

但回顧事件始末，仍難以釋懷的是：一、這是否真的是鮑威爾的口誤？若是，那麼導致口誤的鮑威爾對台認知是什麼？是不是下意識就有「兩岸正朝向統一」或「終將統一」的深層認知？

二、若不是口誤，而是來自中國的壓力，不得不敷衍中國，那麼中國的壓力為什麼會越來

大，大到非否定台灣的主權與將來的自決不可？

　　這些疑慮不管如何解讀，確已深深刺傷台灣人民的心，也給我們重要的警訊。現在國人應該好好思考的是，為什麼國外有越來越多的朋友、政府向中國傾斜、向中國叩頭，傾向不認為台灣為主權國家，甚至認為兩岸「終將統一」？

　　筆者認為鮑威爾的說法應是耳濡目染之後的慣性回應。因每一個人每日或每次不經意看到的、聽到的都會在腦海裡留下印象，久之就成為未經整理的認知，需要「即時回應」時會根據此粗形認知無修飾的反射出來成為未經包裝的陳述。（註：經過整理之後就成為信念。）毫無問題的，鮑威爾上任四年看到的、聽到的，不是兩岸的經濟交流就是多少台商密集在廣州上海，不是專機直航就是九二共識，一會兒有國統綱領一會兒又有跨黨派兩岸政策小組，得到的報告也都是比美商還多的中國台商，比美國人還多的國人大陸觀光（年三百八十萬人次），穿梭於兩岸之間的台灣官員多如過江之鯽，雖然有六百多枚飛彈瞄準著台灣，台灣的中國熱、中國情依舊等等。台灣雖然偶爾也會有「一邊一國」、「進入

聯合國」等之舉措，但卻又永遠拋棄不了對「中華」及「中國」之臍帶與情感，因而被認為假情假意。事實是，兩岸交流的熱況遠遠蓋過了對主權的堅持，犧牲主權，屈就於國內事務的「經濟統合」事例比比皆是。日積月累，這一些事實傳達給國外朋友的信息是「兩岸畢竟會統一，也正朝向統一」。鮑威爾在接受美國 CNN 訪問時的談話正可以說正確表達了外國人對兩岸關係之正常感受，他說：「美國不願看到雙方正在尋求的再統一努力會因單方片面之行動而受到損害」（We want to see both side not to take unilateral action that would prejudice an eventual outcome, a re-unification that all parties are seeking）。從這一句「all parties are seeking」就可證明鮑威爾的認知裡，兩岸雙方正在努力於「尋求再統一」，這與1972 年尼克森上海公報所陳述的「海峽兩岸的中國人都說中國只有一個」，如出一轍。尼克森在上海公報只說出了當時台北與北京的共同語言「一個中國」，同理鮑爾威所說的也只道出台灣與大陸的共同行為「統合與再統一」。十四年來台商拚命向中國跑，台灣政府賣命於促進兩岸之

交流，那麼面對中國壓力的鮑威爾還能說什麼？
讓我們講一句良心話吧！「台灣自己為了商業利
益勤跑中國、犧牲主權，同時又要求美國遵守六
項保證，承諾不會改變對台灣主權的認知，是一
項相當自私而不合邏輯的要求」。

　　鮑威爾的說法也是台商西進養虎為患的一種
結果。六四天安門事件之後，台灣的廠商不顧各
國對中國的經濟制裁，趁機大膽西進。此項類似
經援的台商對中國之投資，累計至少已達一千六
百億美元（中國官方統計是七百二十三億美元，
但尚未包括台商經美國、維京群島、香港等地投
資的部分），對1990年當時全國國內總生產只三
千八百八十億美元的中國言，年一百多億美元之
生產性投資是相當龐大的數目。中國經濟得此滋
潤，迅速崛起，現在已號稱世界第六大經濟體，
今年進、出口貿易量可達一‧一兆美元，排名第
四，僅次於美、德、日，外匯存底已達四千八百
三十億美元（今年7月底），中國龐大的市場力
量已使法國席哈克總統為之折腰，使美國波音堅
拒我國呂副總統之往訪參觀，鮑威爾當然也很難
例外。中國也在美國憑其經濟力量在華盛頓建立

起堅強的遊說力量，我方之節節敗退，可以說也是咎由自取，若無台商之積極參與中國經建，中國當不會有如今日之囂張，我國之處境亦不至於如此艱苦。政府在對中國之經濟政策上實在亦難辭其咎。

2001 年 1 月，紐約的新聞週刊訪問了哈佛大學亞洲中心主任柯比（William Kirby），他說，台灣已經落入北京的控制中（經濟），它（台灣）現在能做的只能稍微放緩這種過程而已。三年多的歲月過去了。北京對台灣之控制力量正在加強，而我方政策上（經濟）又一廂情願地迅速向中國靠攏，在此情況下，我們還能要美國說什麼呢！

西進使中國強大也使我國經濟失速，西進使席哈克折腰，也使我國的南進政策偃旗息鼓，西進將會使中國的經濟力量不久就足以左右美國的政策，但我國的毒癮（西進）卻越陷越深，難以自拔，這正是「人為財死國為商亡」的寫照。

（自由時報　2004 年 11 月 8 日）

軍購六千億元算客氣！

繼十一位中研院院士發表反軍購聲明之後，反軍購團體及泛藍人士上週六再帶頭舉行反軍購大遊行，高呼「錢進美國，債留台灣」，並強調：六千一百零八億元軍購支出即使平均分攤十五年，每年支出也有四百零七億元，仍會排擠國內之支出與建設，使每年國民生產毛額降低〇‧二七％。

但奇妙的是，他們對我國每年「錢進中國」四千零八十億元（註：我國每年平均對中國投資約一百二十億美元，折合台幣四千零八十億元，約為我國GDP三千億美元之四％，十幾年累計對中國投資金額已達一千六百億美元，折合台幣五萬四千四百億元）卻隻字不提，還在要求政府對中國進一步開放，甚至要求政府開放銀行對中國台商之融資，鼓勵更多「錢進中國，債留台灣」。

　　每年四千零八十億元對中國之資金挹注絕不
是小數目，是年軍購金額四百零七億元的十倍。
若依上述泛藍反軍購之理論，會把台灣每年GDP
成長率壓低二・七％（即〇・二七％乘以十）。
所以，如果他們真正關心我國國民生計，關心我
國經濟之永續發展，第一個要反對的應該是「資
金之西進中國」而非軍購。他們捨影響國民生計
二・七％的「錢進中國」，卻來反對區區只影
響〇・二七％的軍購，若不是本末倒置就是輕重
不分，顯然是意識形態在作祟。況且六千一百零
八億元（年四百零七億元）的金額也不比泛藍執
政時計畫之軍購為高，他們有何反對理由，實在
令人百思莫解。

　　反軍購者或許會反駁說，二・八五％的國防
預算是非生產性支出，而高達四％的對中國之投
資是經濟活動之一環，不可相提並論。但如果大
家真能平心靜氣加以分析，GDP二・八五％之國
防預算有一大部分還是會回流成為國內需求與國
內消費的，反而四％的對中投資與資金之挹注完
全是百分之百的對外洩出。經驗告訴了我們，台
商在中國建廠，資金去了，機械設備去了，技術

去了，市場丟了，僱用中國勞工，繳中國的稅，即使賺到了錢也是投資再投資，十四年來對台灣都沒有回流，這樣的投資中國行為對台灣的經濟不但沒有助力，卻只加強了中國的國力，協助了中國的軍備擴充，增強了對台之打壓，加添我國外交上之困境。也就是說對中國之投資，與對其他地區的投資完全不同，對台灣而言與非生產性支出無異，且還會產生政治面的負面影響。

反軍購及西進論者也經常說：「我國歷年對中國之出超已超過二千億美元，如果沒有對中國之出超，我國貿易收支就成逆差。」其實，這與典獄長對囚犯說「幸虧我給三餐，不然你早就餓死」一樣，毫無道理可言。事實是，為了「大膽西進」，台灣讓出了對美國、對東南亞、對歐洲的市場，尤其是我國的美國市場占有率自 1987 年的五‧八％降低到 2002 年的二‧八％，這些對美、對歐日、對東南亞減少的出口，即使保守估計，應已達三千億美元，遠遠超過對中國之順差。也就是說，我國對中國之出超是台灣讓出市場給中國所換來的結果。

最近又有人說，「將中國廉價資源變成開拓

其他市場的助力，才能提高競爭力，避免產業空洞化」，也就是說如果沒有中國廉價資源之利用，台灣就會失去競爭力。這一點，我們實在無須再爭論了，因為「實驗是檢驗真理的最後標準」。十四年大膽西進的這一實驗已有了答案，即一千六百億美元（五萬四千四百億台幣）的「錢進中國」並未使台灣的出口競爭力、經濟成長突飛猛進、鶴立雞群，且遜於鄰國的韓國。韓國對中國之投資尚不及台灣之十分之一，但反而因沒有像台灣傾力利用中國廉價資源，在科技的提升上、在平均國民生產毛額上，能由落後的局面趕上台灣，且有超越之勢。反軍購的諸公不知有沒有注意到這一事實？

　　事實就是事實，所以請反軍購的諸公不要再以國防預算、軍購會排擠國內經濟發展為由，來誤導民眾、欺騙國民，用之來反軍購、來杯葛預算。若真正有關懷國民福利、國家經濟的心，請先反對反常的「西進中國熱」，因為「錢進中國」對國民生計之影響十倍於國防預算與軍購。只要我們能減少對中國過度的投資，我們就能活絡國內經濟活動，增加稅收，解決財政困難，降

「蠻橫無理」有理，因越打壓台灣越會向中國開放

中國對台灣之打壓一波接一波，已達肆無忌憚的程度。僅以最近一個月來說，就有一、橫加阻擾我國進入聯合國，二、阻擾總統視訊記者會，三、處處矮化我 WTO 通訊名錄，四、逼奧運會撤除台灣在希臘推出之奧運廣告，五、要求撤換學生楊智淵在國際和平日獲選的紀念郵票，改用一名貝里斯少年的作品，因圖案有一小小的中華民國國旗，六、在 APEC 亞太經合會青年科學節擅將我方名牌改為中國台北，七、韓國舉辦的「東亞共同空間（EACOS）」國際會議遭中國抗議不能以國家身分參加等等，不勝枚舉。

此次陳總統夫人吳淑珍女士率我國選手參加 2004 年殘障奧運，雖然她早在 8 月就獲得大會核發團長卡，但還是逃不過中國的魔掌，不唯團長身分橫生波折，連行程也得生變。幸而總統夫人

意志堅定勝過了中國的魔力，有驚無險以團長身分出席開幕典禮，爭回了台灣的一絲尊嚴。

　　但說來真令人洩氣，就在我們第一夫人於雅典受盡中國無理打壓之時，我們的官員卻還在大言不慚地說：「不排除讓低階封測廠登陸」，也把OBU（國際金融業務分行）對中國台商之授信做進一步的放寬，開了一條「債留台灣，錢進大陸」的康莊大道（准以台灣資產擔保作大陸授信）。此舉無異向中國表態：「不管你如何打壓欺負，我們還是會認你為娘，我們還是會持續開放」。

　　大家若不健忘，當中國打飛彈武嚇台灣時，颱風夜我們的官員還在加班趕審赴中國的投資案，在這種情景下，若中國不加緊打壓台灣才是怪事，換言之「中國之蠻橫無理」是有理的，不打壓才是中國官員的顢頇無能。俗語說：「人必自侮而後人侮之」，此話正符合於當前的台灣，中國之敢於肆無忌憚蠻橫無理，說一句「咎由自取」實不為過。難道我們的官員毫無一絲義憤之心？

　　當然，我們的官員絕對會以「客觀」、「冷

靜」、「不要急躁」、「不要意氣用事」來反駁，也會編織出一套美而堂皇的理由，以正當化向中國傾斜的政策。他們說：「要分享中國市場的成長，將中國廉價資源變成開拓其他市場的助力，才能避免產業外移空洞化」。

問題是，難道我們不能分享中國以外的其他市場的成長，將其他地方的廉價資源變成開拓國際市場的助力，而非到敵國不可？退一步說，難道我們（台灣）真的未分享中國市場的成長，未利用中國廉價資源，所以還需加強？大家試試到中國的工業城市走一趟吧！到處都是台商的工廠，宛如新竹科學園區的再現。實情是，我們對中國之投資遠遠超過其他國家好幾倍，甚至好幾十倍，我們出口對中國之依存度（主要因投資所發生）已高到世界第一的三十七％，這樣還不夠嗎？

台灣現在只有過度利用中國廉價資源的問題。十餘年的大膽西進向中國傾斜的政策，已經證明台灣的競爭力因過度依賴中國廉價資源，而日益落後於利用中國廉價資源程度尚不到台灣十分之一的韓國。因為我國的廠商有同文、同文化

的中國廉價資源可靠，變成「樣樣都依賴家庭教師（譬喻採處處利用中國廉價資源的安逸政策）的不成器的孩子」，十餘年的書讀了下來，還不如「無錢雇用家庭教師的鄉下小孩（韓國）」。阿扁總統從未有過家庭教師，相信游院長也未請過家教，這就是玉琢才能成器的偉大實例。反之，凡在校經常依賴家教的政治家，在台灣沒有一個是成功的。

多一千萬、二千萬美元對中國的投資所表示的是，增添對岸多一份、多二份的經濟與政治力量用來打壓台灣，使台灣更無力量抗拒、反制中國。官員所期待的增加我方競爭力，也會因過度利用廉價資源，習於安逸而落空。

親愛的國人，若我們不爭氣，即「中國之蠻橫無理」是有理的，因為中國越打壓，台灣就會越開放，台灣經濟就會越向中國傾斜，台灣的競爭力就會越落後。這樣，中國還會放棄打壓的機會嗎？

（自由時報　2004 年 9 月 25 日）

回應「走出傳統迷思，
尋找國家新意涵」

陳長文律師，也是法學教授，發表一篇精闢的文章「走出傳統迷思，尋找國家新意涵」（自由廣場，9 月 1 日）。陳律師肯定了政府及人民想藉「正名」凸顯台灣的國際地位的努力，認為這是出之於「由群證我」的心理情愫、人性之常。他也依 1933 年「蒙特維多關於國家權利的責任公約」，認定中華民國（或台灣）是百分之百的主權獨立國家。

至於國際之所以不承認台灣（或中華民國）為一個主權國家，陳教授認為癥結不在法理，而是中國（PRC）與台灣大小懸殊，許多國家認為承認 PRC 比承認 ROC 合於其外交利益，所以台灣的外交困境的本源在於中國。陳教授從客觀現實來尋找出我國外交困境的本源——中國，可說一箭中的，真不愧為一位傑出的法學教授，筆者

百分之百認同。

　　基於上述分析，陳教授進一步提出了「對等互待」的核心概念，試圖從重新詮釋「國家」一詞的定義，尋求解決兩岸問題，並舉歐盟之例，認為可將部份主權讓渡如超國家組織來行使。這一點筆者也認為只要二千三百萬的台灣人民同意，不失為將來的一種選擇（雖然筆者不認為這是最佳的解決方式，但本文依陳教授之論述展開內容之分析）。

　　不過若大家能夠細嚼陳教授整篇的論述，就不難發現該文在如何將部份主權讓渡給超國家組織來行使的問題上呈現了邏輯上之矛盾與思維上的偏袒。雖然筆者非常佩服陳教授所提「對等互待」的核心概念與「大陸該讓台灣擁有在分裂國家詮釋下的國際參與空間」的主張，但對此兩項基本概念與主張，陳教授似乎有意或無意忽視了一個事實，即台灣老早就已承認了中華人民共和國（PRC）之存在，亦承認 PRC 的對等權力，PRC在國際上也有充分的參與空間，現在不「對等互待」，不讓台灣在分裂國家詮釋下參與國際活動空間的是中國（PRC）。

　　也就是說，阻礙陳教授「對等互待」的核心概念，無法走出「傳統迷思」的是中國（PRC），不是台灣。因之，陳教授現在馬上要努力的是去說服中國對等看待台灣，而不是要求台灣。這一點該文明顯有思維上之偏袒問題。

　　思維的偏頗亦呈現在「一個中國」的命題上面。陳教授在文中強調：「我們該說服的不是基於政治利益擇中共而棄我們的各國，而是這政治利益所從出的本源──中國」。我們同意此說法，但陳教授或許深知中國難惹難纏，所以選軟的柿子吃，不去改變問題的本源中國，反過來要求我方（台灣、中華民國）退一步接受「一個中國」之安排，再以一個中國來建構「未來的超兩岸組織」，成立類似歐盟的「超國家」。此種論點明顯向強權妥協，有偏袒對方立場之嫌。我們倒認為陳教授應利用天賦的辯才先去說服中國要他們走出迷思，撤回一個中國之堅持，這才是持平的做法。

　　除了上述「思維上的偏袒」之外，該文似乎也存在兩項邏輯上的矛盾與錯誤。第一，該文認為中國對「一個中國」已釋出善意，將「台灣是

中國的一部分」修正為「大陸與台灣同屬中
國」。我們相信陳教授是邏輯非常清楚的律師，
應該了解「一個中國」論述的另一段是「中華人
民共和國是中國的唯一合法政府」，如果這一段
依舊存在，即「大陸與台灣同屬中國」與「台灣
是中國的一部分」對台灣歸屬之詮釋完全沒有兩
樣，將其視為善意，若不是過於單純，不然就是
對於邏輯的顢頇。筆者希望陳教授能說服中國將
「PRC是中國的唯一合法政府」改為「中華人民
共和國與中華民國同為中國的合法政府」，這樣
才符合「釋出善意」的合理邏輯。

　　另一邏輯上之矛盾亦出現在各自表述的提言
上面。陳教授或許認為情勢比人強，「我小彼
大」的現實環境下，我們只好退讓，先以「各自
表述一個中國」來暫時解脫一個中國的僵局，但
這就是陷阱，也是論述的重大矛盾之所在。因陳
教授既已承認、也認定「我小彼大」，各國才會
在政治利益下選擇大的，那麼「一個中國各自表
述」的結果，只要中國一直堅持下去，各國當然
接受中國版的表述，台灣的表述說了等於沒說，
也就是說，在「彼大我小」之情勢下「一個中國

各自表述」等於台灣承認了一個中國，這就是邏輯的矛盾所在，也是中國的陷阱，難道我們大家都不知其意圖？承認「一個中國」的後果如何大家都很清楚，那是「台灣問題的內政化」，也是中國侵台的合法化，台灣要自投羅網嗎？

如果陳教授真的希望大家（台灣與中國）能走出傳統迷思，尋找國家新意涵，首件要做的是請北京走上「對等互待」的第一步，就是不再堅持一個中國，不然就在一個中國下承認台灣為一合法政府，再不然即是互不預設條件，如歐盟一樣視對方為一個主權國家，才能談出讓渡一部分主權給超國家的組織。因為不承認對方的主權，還能談出讓渡主權的問題嗎？

若陳教授無法說服中國，那麼我們希望陳教授從此回心轉意，改以台灣為思考之中心，專心強化台灣的主權國家地位，與大家一起以民主之手段制憲、改國號、爭取國際之認同。只要大家鍥而不捨持續努力，不跑中國，中國才會讓步，陳教授的「國家新意涵」才有實現之可能。我們相信台灣的將來絕對是光明的。

（自由時報　2004 年 9 月 9 日）

稅改，當今西進派之最愛

7月20日復徵證所稅之議一出，我國股市立刻大跌一六三點，據稱當天上午某一官員暗示財政部考慮提前復徵證所稅，市場人心為之惶惶不安。所幸當天下午則由部長親自上場澄清，但對市場之傷害已造成，信心已失，次日股市亦只恢復了一半。有人認為此一案件是偶發的誤導事件，但事情似乎沒有這樣單純。

如果對國政稍有關心，我們不難發現大選後西進及統派媒體、學者最關心的有二件事，一為直航，另一即是稅改。為此他們幾乎每週密集邀約志同道合的學者、官員舉行座談，再以整版篇幅刊登其紀實，以引人標題報導其觀點，遂其對讀者及在位官員的洗腦工作。他們極力想在台灣塑造出「台灣不直航即將被邊緣化」，「台灣不馬上稅改，台灣就無社會正義」的整體氣氛，誘導政府在制定政策過程中作出有利中國的決定，

服務中國「以經促統」的要求。7月20日的復徵
證所稅可以說是此一計謀的一種結果。

　　為什麼他們突然對「稅改」有如此大的興
趣？因為對西進或統派來說，「稅改」與「直
航」是相輔相成的存在。由近幾月來西進派媒體
之論述，應可了解當今他們對「稅改」有二個主
要訴求，即：「恢復證券交易所得稅之徵收」與
「廢除或縮減產升條例租稅優惠」。當然，他們
還會加上一些較無爭議的稅改項目做為陪襯，以
掩護其主要訴求所隱藏之目的。（註：本土意識
較濃厚的報紙即較少有關稅改之論述。）

　　我們都了解，統派過去一直大力鼓吹「三
通」與兩岸更密切的經濟交流，目的就是兩岸事
務國內化及「中國經濟圈」之建構與台灣經濟邊
陲化之促成。而稅改若成功廢除產升條例之優惠
及復徵證所稅，必能加速台灣產業之外移中國，
同時扼殺台灣資本市場之籌資功能，加速台灣經
濟之邊陲化，彼長我消之客觀環境亦必能使中國
「併吞台灣」之大夢早日達成，也是他們「稅
改」的最終價值。

　　為使西進論者的「稅改」訴求取得正當性與

社會支持，他們也師法「一中」的三段論法，展開其論述。他們說：「台灣的國民租稅負擔率從 1990 年十九‧〇四％，降至今年的約十二‧五％，遠低於各主要國家，應予提高」，「國民租稅負擔率之所以會降低乃過去政府對特定產業、職業所得來源的租稅減免過多，稅基嚴重侵蝕，亦造成嚴重的租稅不公」，「因之，廢除或縮減產升條例租稅優惠，恢復證券交易所得稅之徵收勢在必行」。他們的策略，經幾個月來之渲染，終於獲得了回應，成為政府開始思考「復徵證所稅」及「縮減產升條例優惠」的動因。

　　筆者不反對稅改，政府確必須顧及租稅公平與稅制之完整性。且有些稅改是可以進行的，如綜所稅改採屬人兼屬地方的方向努力、取消未分配盈餘加徵十％營所稅、提高營業稅率、廢除印花稅等，但對「復徵證所稅與廢除或縮減產升條例租稅優惠」兩者，筆者即認為應從長計議。因為它是近幾年來我國賴以抗禦中國經濟磁吸，防止台灣經濟邊陲化的重要護牆。其實，一種稅制之良窳，除應注意其公平性外，對整體經濟之貢獻亦必須列入考慮。過去之經驗告訴了我們，證

所稅之停徵，並未減少證券交易的稅收，雖然有違「有所得就應扣稅」之原則，但一方面確使我國資本市場得以蓬勃發展，提供我國重要產業募集資金一個充分的管道，加上員工分紅配股之制度，布建了名聞全球的科技聚落，而有其不可忽視的功能。產升條例即給予這些策略性產業得以平衡中國低價勞工、土地及租稅優惠的不公平競爭，讓其落根於台灣，亦可以說是一項必要之惡。

　　二、三十年前，當時呼應中國「一中政策」的我國領導者，由於未注意到北京「一個中國」的深沉謀略，帶給了台灣二千三百萬同胞今日的困境。今天仍在呼應中國的「三通政策」，高唱「稅改」的我國學者、官員，似乎在重蹈覆轍，正把我國經濟推向另一浩劫的不歸路上。我們深切期望這些學者、官員能及時洞察北京「以經促統」的深謀，不受統派及西進論者之誤導與洗腦，及時懸崖勒馬，這樣方不致掉入他們的陷阱，確保我國之經濟主權。

　　　　　　　　　　（自由時報　2004 年 7 月 26 日）

中國經濟制裁台灣？時候未到！

繼中國國台辦於5月24日嚴詞表示「不歡迎在大陸賺錢又回到台灣支持台獨的台商」後，中國人民日報於31日在一版以專文點名批判奇美集團總裁許文龍。事隔三天，6月3日，中國「中國網」一早就張貼了一名學者「大陸對台實施經濟制裁的可能性不能排除」的撰文，台股那天驚跌二○四點。

中國是不是真的有意向台商開刀？甚至進一步經濟封鎖台灣，全面制裁台商？筆者認為「不會，安啦！」因為中國「以經促統」的大業尚未完成，中國也尚未完全掏空台灣，台灣現在還留存一些資金、技術及台灣有中國無的明星產業。雖然有人說，即使台灣不去，中國還是遲早會從其他國家獲得這些技術、資本與產業。但畢竟問題沒這麼簡單，因為外國廠商不像台灣那樣大方、慷慨，毫無保留地傳授給中國所要的技術與

管理，所以中國要以外商培植新產業所需時間會
比從自台灣引進者長好幾倍。晶圓產業就是明顯
的例子，中國為了要發展半導體工業，先後推行
了九〇八與九〇九計劃，各為期五年。九〇九計
劃集合了外國知名的半導體廠商，以與NEC合作
的華虹NEC及摩托羅拉的天津廠為代表，但均無
成效，最後還是得自台灣偷跑的中芯擔綱才得以
突破，繼而起飛。現在中國亦試與日本NEC投資
發展TFT-LCD產業，但會不會重蹈華虹覆轍，而
後再回頭找台商仍有待觀察。也就是說，台商還
是中國的首選，只要台灣仍然有中國所覬覦的產
業，中國是不會輕易出手打死還能生蛋的母雞
（台商）。

　　那麼是不是中國就因此不會經濟制裁台灣？
答案應該是：「中國絕對會，只是時機尚未到」
而已。如果有一天台灣再也沒有中國所特別想要
的東西，或者中國已經飽食到某一滿足點的時
候，北京就會毫不猶豫地對挺綠的台商開刀，再
擴及一般台商，要求台商積極表態，反台不力者
即給予最後通牒，反正財物均在中國，生殺與奪
在台辦手裡。那時台灣的經濟因已很虛弱，一壓

即垮，金融、股市必大亂。中國「以經促統」的大業就這樣水到渠成。

此次中國之批台三部曲（即國台辦之批綠色台商、新華社之鬥文龍及中國網之經濟制裁恫嚇）絕非即興之作，應該是經過嚴密的評估與演練的，故應會到此為止，因為中國已有效恫嚇了綠色台商，且又不會影響台商對中國之投資，進而可提昇台商向北京輸誠的比例，可以說一石三鳥。

現在留給台灣的是，台灣是不是就這樣逆來順受，委曲求全，而後束手待斃？政府應該好好注意到商人人性脆弱的一面，看看自中國國台辦嚴批「綠色台商」之後，台商大老闆訪大陸仍絡繹於途，且都帶去數百億，甚至千億大投資計畫的趨勢現象。若不由此一葉知秋，痛改過去一直向中國傾斜的「經建」方向，中國經濟制裁台灣的「時機」將不會是遙遠的將來。台商去得越多，中國所等待的「時機」就會越快降臨！

（自由時報　2004 年 6 月 11 日）

歐盟整合是「先政治而後經濟」

陳水扁總統在五二○就職典禮演說中，意有所指地強調了歐盟經驗及區域整合，認為區域整合加上全球化的發展，使得人類社會原有的國家主權原理，乃至於國界的藩籬都產生結構性的變化，據此希望兩岸能以全新的思維和格局，共同來面對和處理兩岸未來的問題。阿扁總統的呼籲立刻獲得廣泛的回應。

次日某報就以「兩岸合作，五十年不談政治」作為大標題，刊登了統一企業董事長高清愿促進兩岸交流的一段談話。西進報紙也詳細介紹了歐洲統合的歷程，強調歐洲統合「先經濟而後政治」的精神。從此，「經濟是兩岸最大的公約數」、「兩岸應存同化異」、「以整合取代一中」、「掌握兩岸機遇，準備實質互動」、「加速三通，產業互取所長」等等論述，充斥西進派報紙的版面。目的無他，旨在加強對國人「政治

擺一邊，經濟放中間」、「先經濟而後政治」的洗腦工作，塑造出一項服務「統一」的新論述，並將其定化於社會大眾。此舉可以說與中國鍥而不捨地提出「一個中國」，終使全世界掉入「一個中國」陷阱的做法如出一轍。

歐盟整合是「先經濟而後政治」嗎？答案是否定的。歐盟之結合是以政治上之平等、互相尊重、互相承認為前提，亦即先有歐盟各國之完整主權，而後才有經濟之合作。也就是說各國領土、主權完整才有 1951 年的巴黎條約與歐洲煤鐵共同市場，與 1958 年之羅馬條約。條約就是主權國家間之一種約定，以相互承認主權之存在為先決條件，亦即先有政治才有條約，有了條約才有歐洲共同市場，才有歐盟之整合。顯然地，將來兩岸之間即使「歐盟模式」成為一種選項，兩岸對等主權之承認，還是一個先決的條件。

真正使歐盟成功的還有歐洲的公投精神，自從 1992 年的馬斯垂克條約以來，歐盟的加盟國對有關歐盟的各議題不知舉行了多少次公民投票，累積下來才有今天。以英國之加入歐元為例，英國為歐盟國家，但未加入歐元體系，首相布雷爾

早在 1999 年就主張加入，認為英國不能假裝歐元之不存在，若繼續罔顧現實，英國將會「自外於歐元區」而被邊陲化。但英國的人民至今還是選擇了英鎊（註：英國不但並沒有因未加入而被邊緣化，近幾年的經濟總體表現還遠比歐元區好），同樣，瑞典亦於去年（2003 年）公投拒絕加入歐元區。「尊重人民之決定」，這是歐盟之最高原則，換言之，沒有公投、沒有尊重人民之決定與安排，就沒有經濟的歐元。

　　或許有人認為既然政治這條路這麼難走，我們何不先從經濟著手。但兩岸若「只談經濟，不談政治」會帶來怎樣的結果呢？我們必須清楚了解「拿下台灣」、「以經促統」是中國的政治立場，「一個中國」則是為達此目的所設置的圈套，並獲大部分國家所承認。在此國際及政治條件下，台灣果真不談政治，只做經濟之統合，無異於告訴世界，台灣已容忍中國的立場，政治上盡失國際之支持，經濟上亦會產生下列結果：如果中國經濟一帆風順，中國廣大的土地與十二億的人口必發揮強大的磁吸效應，形成彼長我消之局，強大的經濟中國將發揮緊箍咒的作用，步步

壓縮台灣的國際空間，也會左右美、日對台政策，達成中國條件下的統一，台灣淪為中國之一省，亦難逃被清算及被統治的命運。

即使大陸經濟不是一帆風順，結果對台灣言還是一樣的。因為廠商西進時，帶去了資金，賺錢再投資，資金並不回籠，但遇到宏觀調控時就回來籌款，形成二度外流（註：近日我政府開放國銀對中國台商融資紓困），萬一宏觀調控失控，廠商倒閉，掏空台灣更有了堂皇的理由。當台灣經濟因此而奄奄一息之時，也是餓虎中國一口吃下瘦弱綿羊台灣的時期。

也有人說，經濟統合、三通直航後台灣會成為運籌中心、轉運中心、研發中心。持此看法的人應該好好想想，生產在中國、發貨在中國之後，台灣如何成為轉運中心？如何維持研發中心？沒有生產、沒有轉運、沒有研發的台灣，運籌中心其實也只是畫餅充飢的自慰型計畫而已。

誠摯希望國人及政府能清楚了解歐盟先有政治主權，而後才有經濟合作與統合的真實歷史，斷然拒絕「先經濟而後政治」的錯誤論述，只有如此，台灣才能避免被併吞的命運。反之，如果

我們倉卒地聽信廠商之言，將主權擺一邊，經濟統合放中間，即無異將一個要殺人的（矢志要拿台灣）與一個願意被殺（願意經濟統合）的，放在一處，結果如何，不言而喻。廠商或可自負其果，但二千三百萬的人民是不應一起陪葬的！

（自由時報　2004 年 6 月 6 日）

手護台灣成功之後的股市

2月 28 日當天，二百萬人站出來手護台灣，展示了國人之意志，也成功地向國際發聲。受此鼓勵，3 月 1 日股市開盤急升，並以六八八八點收盤，大漲一三七點。這就是拙論「公投成功，股市長紅，經濟大躍進」（刊登於自由時報 1 月 25 日）的另一例證。沒有人懷疑一個人要成功，必須要有堅定的信心與上進的意志；國家之興衰，同樣取決於國家意志之是否堅定。過去的歷史已明明白白告訴了我們，國人對國家之凝結力越高，經濟就會越好，反之，若國人意志渙散，國家之凝結力瓦解，即經濟必走向沉淪。

泛藍執政的 1990 年至 2000 年間，職司財經的一群官員誤將大陸視為腹地，以為台灣經濟之將來在中國，而大搞「兩岸和解」、「九二共識」，致「人心思漢」，資金大舉西流。結果台灣經濟一落千丈，由四小龍之龍首顛落為龍尾，

雞蛋股、水餃股充斥股市，地雷股更是層出不窮，彰化四信、央票、台中企銀、中興銀前後發生擠兌。到了1998年，金融危機可以說已迫在眉睫，使泛藍官員大為緊張，不得不祭出二千億元穩定股市之措施。顯示「擁抱大陸利用大陸資源與廉價勞工」的經濟政策對台灣經濟不僅無幫助，且只加速了呆帳的累積與失業之增加。

2002年8月是我國經濟振衰起敝的轉振點，阿扁總統在世台會拋出了「一邊一國」，喚醒了國民沉睡的意志，給國家注入新的期望。台灣的經濟與股市受此刺激，開始往上爬升，8月12日阿扁總統對「一邊一國及公民投票」之宣示，更加強國人之信心，次日股市大漲一八七點，從此「投資台灣優先」的政策獲得了精神上的武裝，台灣的經濟也就此步上坦途。此次二二八「二百萬人手護台灣運動」之成功，可以說是國人意志再一次的展現，也是「台灣優先」、「台灣經濟主體政策」再次之確認。國人對國家認識之加強，當然加添了經濟之活力，也就是說，昨日（3月1日）股市之大漲絕非偶然。

在此想要呼籲國人的是：請不要把此波經濟

之復甦、股市之表現，單純地將其歸因於美國景
氣之復甦及世界游資。泛藍掌舵的 1990 年代也是
美國景氣大好的時期，美國道瓊由二千點一路飆
漲至一萬多點，但美國股市之大好並未刺激我國
之經濟，且此時也正是我國股市有氣無力，房地
價格持續下跌，台灣經濟最淒慘的時期，亦即，
客觀環境的好轉尚要主觀環境的配合，才能轉動
一國經濟起飛之輪。國民對國家認識之強化，投
資台灣優先的精神裝配才是近一年多來景氣大好
的主要憑藉（當然還有其他行政配合措施，如減
租、減稅、金改等，恕不贅述）。世界游資之相
中台灣，也是因為台灣在近年展現了國家應有的
氣勢與前途。

　　希望國人珍惜這一成果。公投能否成功，主
張「台灣優先」政策的阿扁政權是否連任，是此
一成果能否持續發酵，再向上提升的關鍵。3 月
20 日，公投成功阿扁連任，即不僅國際對台灣之
信心大增，台灣也會因民主之深化，而更加凝結
國人對台灣這一國家之認識，更能抗拒中國之磁
吸與武力之恐嚇，台灣也才能展現「立足台灣、
放眼國際」的應有格局，達成阿扁總統所揭櫫的

「作為國際上的經濟重點，但不做中國大陸之邊陲」的政策目標。屆時台灣的經濟必大好，股市長紅，萬點指日可期。

（自由時報　2004 年 3 月 3 日）

由「一個中國、反直選」
到「西進、反公投」

中國國家主席胡錦濤為慶祝中法建交四十年於
26日下午抵達巴黎，法國總統席哈克在艾麗
榭宮的歡迎晚會席上表明不支持台灣舉行公投之
立場，以向北京示好。胡錦濤訪法，早就以「促
法表態反對台灣公投」為主要目標之一，此行雖
然不能說完全成功（歐盟尚未決定解除對中武器
禁運），但北京的「反公投」大戰至今確有部分
斬獲。中國為什麼那麼在意「公投」，且想盡一
切辦法去圍堵它？因為「反公投」與「一個中
國」對北京言是一體之兩面，密不可分的。

　「一個中國」政策本來就是一件容易破解的
東西，各國對台也曾經伸出援手以一中一台或以
兩個中國讓台灣進入聯合國。但北京的「一個中
國」終於成功了，因為當時在台灣的中國國民黨
政權呼應了北京，堅持中國只有一個，促成了

1972 年的「上海公報」。

當「一個中國」在國際上近於定調之後（幸虧台灣還有二十七個邦交國，所以還沒到死棋），能破解「一個中國」的就只有「公投」。「公投」是全民意志的行使，是民主的深化，連柯林頓政府亦曾宣示「台灣前途之最終解決需經台灣住民之同意」，因此公投對北京言如芒刺在背，必去之而後快。

公投法之拖延立法，可以說是過去台灣政府之一大失策。由於中國國民黨威權統治的漫長歲月中，公投一直是政治的最大禁忌，民主化後，公投立法又多次在泛藍控制的立法機關鎩羽，台灣在公投問題上的確犯了嚴重的錯誤、錯失了良機。此間，中國的經濟及外貿卻在來自台灣的「台援」下飛躍成長，中國的政治、軍事影響力日增。坦白言，此次中共謀略之所以輕易得逞，與中共興建高鐵、採購空中巴士、支持核融合計畫為誘因有莫大關係。換言之，就是因為中共在過去十餘年間得了台商之奧援，經濟上迅速坐大，才使其有足夠的外匯與經濟實力去影響法、日等國之對台政策（註：台灣是投資中國最多的

國家，平均每年投資中國的金額達一百億美元，很多是高科技，中國現號稱世界第三大資訊硬體王國，其中約七十％產值是台商所貢獻）。說來真是咎由自取，令人不勝唏噓。

若十年前泛藍不杯葛，公投法早就立法並以某種方式行使，情況必完全不同。同理，「總統直選」如果不是早在八年前就實施，不然今天亦會遭遇到與「公投」相同之命運，被硬拗成為「挑釁」，「要為區域穩定承擔重責」。此時此地，我們回想過去，不得不慶幸八、九年前沒有屈就於「反直選」的泛藍勢力。前車之鑑，今天我們所擔憂的是雖然大敵在前，國內仍有極力「反公投」的親中勢力，他們由最初的「反公投立法」，到最近「反挑釁」、「反防禦性公投」，無不處處呼應北京之主張，傳達錯誤的信息，以期誤導外國政要、媒體，做成不利於我國之言論與決定。

其實，「公投」是當今世界的普世價值，只要台灣人民團結一致，是極易破解的爭議，其所以落得如此艱鉅，是因「延誤」在先，「台援中國」在後。更難以理解的是，當國家受中共打壓

國難當前時，泛藍還以「小偷現行犯」來污名化公投，極力阻擋公投之行使。難道四九六枚的飛彈日夜瞄準我們的狀況還不算是緊急狀況，還要等到兵臨城下，才算緊急，才能認定為國家主權有被變更之虞？請問：當千枚飛彈齊發的時候我們還能辦公投嗎？老實說，過去政府不把對岸的飛彈認為嚴重的挑釁，不做應有之反應，不舉辦公投已是「嚴重的錯誤」，甚至是失職。

　　平心而論，捍衛國家主權，反對中國武力侵台，本是極為中性的公投議題，不偏於那一個政黨。那些主張「公投需避免影響大選」的人都心知肚明，是因他們心不在台，唯恐被公投的照妖鏡穿透出他們的心照，亦可以說是自暴其短，不然何懼之有？

　　公投已延誤太久了，若再因泛藍之阻撓而停，而「兩岸之經濟統合」又在泛藍之鼓吹下持續進行，則因「台援」而日益崛起的中國，必更能利誘各國，使台灣永遠失去表達自己意願的機會。企望愛好本土的國人擦亮眼睛，以手、以票來守護我們祖先辛苦開拓的美麗之島──台灣，也企望那些「反公投」的人不要再度成為專制政

從「一個中國」到「反公投」

1960 年及 1970 年代中國為了奪取台灣，力主「一個中國」，要求各國與中國建交時必須遵守北京所主張的「一個中國」，這就是有名的「政治圍絕」政策，只要世界承認「一個中國」，台灣就已是囊中鱉，可以慢慢思考如何好好料理它。

坦白說，此種政策是滿危險的，成功的機會並不高，因為明明台灣不在中國有效控制之範圍內，歷史淵源上爭議亦很多，隨著時間之拖延，中國所稱「台灣是中國一省」的合理性必越趨薄弱。但中國的「一個中國」政策還是成功了，為什麼？因為台灣本身亦唱和了中國的一個中國政策。有了台灣的唱和，「一個中國」政策焉能不成功？一些本想幫忙台灣的外國朋友及政要也只好搖頭撒手。至於主張台灣主權、一邊一國者無不被中國國民黨處以極刑或被迫流亡海外，演變

至 1972 年 2 月 27 日的上海公報，台灣的命運就
這樣斷送在附和中國主張的國民黨政權手裡。

如果當時的中國國民黨政府能落根本土，為
台灣人民著想，揚棄大中華的統一思維，則台灣
必能即時揭穿「一個中國」的虛偽，遏阻其在國
際上蔓延，亦必得到很多國際友人之協助，早早
進入聯合國，自不會有 1972 年上海公報之出現
了。換言之，上海公報所指「海峽兩岸的中國人
都說中國只有一個」的「一個中國論」是國民黨
政府及國民黨政府所控制的媒體極力唱和中國策
略的後果。

不幸的是歷史似乎正在重演，國民黨及泛藍
的領導者們至今仍未能從歷史擷取教訓，當我們
新政府試圖突破「一個中國」的重圍時，泛藍勢
力又在與中國唱和，中國說「公投是挑釁」，泛
藍陣營及親中媒體也附和說公投是挑釁行為；中
國說「挑釁就要訴諸武力」，泛藍候選人及泛藍
媒體也隨之起鬨唱和，替中國極盡恐嚇台灣的選
民；政府要派遣公投宣達團，想與友好國溝通，
親中媒體就惟恐北京不知情，爭先報導並刻意製
造台、美間溝通上之緊張關係。

我們能怪尼克森的上海公報嗎？因為尼克森只說當時台北與北京的共同語言——「一個中國」，同理今天我們也不能苛責布希政府官員有關台灣公投的質疑，因為中國說「台灣在挑釁」，而台灣控制國會的反對黨（國、親）也說是挑釁，泛藍的總統、副總統候選人更大聲疾呼政府不要挑釁，那麼面對中國壓力的美國還能說什麼？也就是說，如果國人對美國官員有關台灣公投的談話感到失望，應受責備的不應是他們，而是經由媒體或言論提供他們反面訊息的反台集團。

三十年前泛藍的一群人附和北京的「一個中國」，催生了上海公報，三十年後的今天，同一泛藍的組織又在跟隨中國「公投是挑釁」的音樂跳舞，結果將會如何，國人不得不察。

公投本是掙脫「一個中國」桎梏的一種且是台灣所剩下的唯一出路，如果台灣真的在中國的壓力以及中國所動員的國際壓力下屈服，那麼台灣就從此永遠不能公投，「公投是挑釁」就完全在國際上定調，以此牢牢卡死台灣，再以經濟加以消化，台灣絕無翻身之地。屆時說什麼「中華

不要掉入中國 CEPA 的陷阱

中國商務部國際司處長李強透露，中共希望和台灣簽署類似「更緊密經貿關係安排（CEPA）」的協定。令人驚訝的是，台灣的中國國民黨卻迫不及待地表示歡迎，並指出推動兩岸經貿合作，成立兩岸共同市場是國親聯盟的重要經貿議題。此種毫不掩飾的互動，充分顯露出中國共產黨與中國國民黨理念一致的一面。

中共方面強調兩岸的 CEPA 必須按照香港與大陸的經濟模式進行，在此之前需要解決兩岸全面直接三通，可見醉翁之意似在於三通，是「一個中國」前提下的三通。三通也是中國國民黨及國親聯盟的主要訴求，可見中共與國親在三通議題上也是一拍即合。

CEPA（更緊密經貿關係）是台灣經濟之萬靈丹嗎？其實它只是一種搖頭丸，因有致命的吸引力，所以也會致命。經驗告訴我們，「經濟統

合」只能在所得及生產要素價格差異不大的經濟
體間為之,若雙方所得懸殊,且低所得經濟體遠
大於高所得經濟體(經濟體之大小一般依人口、
土地之多寡大小決定),即高所得的小經濟體必
被低所得經濟體所稀釋,稀釋的過程即依經濟統
合之速度而異,統合速度越快,小經濟體被稀釋
的速度亦愈速。九七之後的香港就是顯明的近
例,香港回歸中國之後,房價一落千丈,經濟蕭
條,勞工失業。CEPA 即是北京為挽救香港被稀
釋經濟所提出的急救丹,對已空洞化的香港或許
具短期效果,長期即尚需觀察。但 CEPA 對台灣
言,只不過是香港九七之再版,台灣是不是甘願
重蹈香港之覆轍?幸虧,陸委會官員已表示,
CEPA 是一國兩制的產物,不適用於兩岸關係。
我們希望頭腦清醒的執政當局能堅持到底,銘記
一邊一國,經濟自主已是不可再退讓的最後防
線,不要再被利益團體的施壓而動搖。也希望國
人不要再被統派媒體所誤導、所恐嚇,睜大眼睛
看清中國經濟統戰的伎倆,以民意及選票迫使中
國國民黨及國親聯盟揚棄「中國經濟共同體」的
棄台政策,因為「三通」也好,「共同體」也

好，這些政策只有利於財團，有利於中國而不利於以台灣為家的大眾，也是失業勞工的夢魘。

　　台灣是太平洋上的島嶼。很自然地，台灣的將來就在太平洋上。太平洋的沿海有美國、有日本、有長期支持我國的中南美國家，那裡有拉升我國經濟的技術與資金，我們的經濟也不會被稀釋。所以台灣絕不會被孤立，讓我們大家勇敢地向「CEPA」說「不」，也向「中國共同體」再說一聲「不」。

　　　　　　　　　（自由時報　2003 年 11 月 15 日）

第5章

馬英九與外資的中國經濟妄想

放寬錢就回來？錯！

據報導，新潮流大老洪奇昌委員上週四召開記者會，呼籲朝野應盡速將淨值一百億元以上企業赴中國投資上限二十％等規定一律放寬至四十％。所據理由是很多企業為避限制，透過第三地赴中國投資，放寬上限就可讓台商在中國賺的錢能合法回來台灣，投資台灣。次日，洪委員又有一大幅廣告反問讀者：「讓錢回來台灣！有錯嗎！」

答案應該是錯的。若不健忘，去年 11 月凱雷收購日月光消息傳來，洪委員即認為是投資中國上限限制逼日月光出走，乃結合國、親兩黨，要求立院修法，還要國人認清「國際經濟的長河」。但事後證明完全不是那回事（併購案已告吹）。

放寬規定錢就真的會回來嗎？所謂回來，應指回來的錢比流出的多。可惜，洪奇昌這一「宏

論」還是「錯」的。因其論點與西進政商、統派學者主張的「不三通才到中國，直航就會回台投資」如出一轍。但依全國工業總會對台商之一項調查，開放直航後會增加對中國投資者約為增加在台投資之一‧九四倍，估算每年會增加對中資本之流出台幣三千億元；陸委會所做的調查（兩岸直航評估報告）亦得相同結果。可見「直航會使台商回流」只是統派政商以經促統的煙幕彈，而且這種說法相當危險。因為只要放寬，約上市公司總淨值二十％的資金（設放寬二十％），就會立即自台灣大搖大擺流進中國，提升其產業水準，讓中國之產業聚落更為完備，創造新的需求，這一新需求還會演變為再度要求政府放寬投資中國限制之新壓力，終而完全掏空台灣，什麼「大投資、大溫暖」，都將是空的。

　　為了國家安全（請不要忘記中國是敵對國家）及廠商風險之分散，政府規範上市公司廠商赴中國投資不得逾淨值之四十％（百億以上者二十％），此一限制已實施多年，有效留住了晶圓、面板等關鍵性產業，這與銀行法為了銀行之安全性及國家金融之安定，規範銀行對某一企業

之授信不得逾其淨值十五％是相同的，所適用之對象亦同樣及於所有企業。

四十％（淨值百億元以上企業為二十％）太嚴嗎？且看全世界的企業如三星、豐田、通用、飛利浦，哪一個企業對中國投資是超過其淨值二十％的？請記住，中國對他們而言還是友好國家！

主張「終極統一」者要求台灣對中國做更多投資，我們可以理解。但自詡捍衛台灣主權不遺餘力的，竟然會與「終極統一」者共跳「經濟的統一舞」，就超乎常理。請不要一再地拿「放寬限制資金就會回流」的魔咒，來玩弄、誤導純樸的民眾，也請民進黨的西進論者認清我國對中國之投資已達GDP四至六％，占我國海外投資之比率已達七十一％，致國內投資率一直徘徊在二十％之下的事實。

中國是個市場，可以參與，但不要貪婪無厭。台灣以不到世界GDP的一％（〇‧七五％）之經濟規模，竟然囊括世界對中國投資之一半金額，利令智昏、不自量力莫此為甚。請手下留情，照顧留在台灣的二千多萬人民吧！

（自由時報　2007年5月8日）

金航圈雙中心的馬腳

前　國民黨主席馬英九日前宣示「將推動雙黃金航圈來帶動雙營運中心，讓台商在台設立全球營運總部，外商在台設立亞太營運總部」。

平實而論，馬英九先生是一位政治上力主與中國終極統一的政黨領袖，是於經濟上主張西進，把台灣視為通往中國經濟的橋樑或服務站，有其邏輯的一貫性。問題是「金航圈、雙中心」會不會成功？這要看馬氏的目的是什麼了。

我們先談「金航圈」會不會實現？答案是否定的。因為金航圈（台北松山──東京羽田──首爾金浦──上海虹橋國內城市航線）之推動，有無法克服的阻礙。第一，上海與首爾腹地大小懸殊，韓國不會傻到「為了要讓首爾成為亞太中心」而同意開闢「金浦──虹橋」城市內航線的，韓國政客當然知道開這種航線得不償失。日本衡量利弊後也會了解這是成全中國利益的一條

航線，一樣未必有興趣。馬氏當然知道此路不通。那麼為何明知不可行也要正經八百地提這種計畫？說實在話，這是精心設計，用來實現「松山──虹橋」中國國內航線的障眼法。馬氏要推，是因為「松山──虹橋」航線對台之磁吸作用遠比「桃園──上海」線靈，且更能凸顯這是「國內航線」、「兩岸是國內事務」的統派主張。

「松山──虹橋」啟航後，對航空業者言，確是一條黃金航線，往返旅客之頻繁，必可與北京──上海航線相比擬，但對台灣整體經濟的衝擊，因往返時間更為縮短而更加顯著。大中華經濟中樞（長江三角）從台灣磁吸的資金，可能由過去的年六千四百六十億元（依2005年呈美國國會一份報告推算）增加到年一兆一千億元（依工總對直航後台商投資意向調查推算）。台灣能年年禁得起這樣大量的資金外流嗎？（註：對外證券投資尚未計入）

馬英九先生說，放心，只要有黃金城內航線，台灣就可發展成為全球營運總部（台商）及亞太營運總部（外商）之雙營運中心，可吸引台

商回流及外資來台。但問題是「金航圈」只剩「松山──虹橋線」，即使實現了，設立營運總部所需設備、資金不多，雇傭的亦是有限之商務人員，只有外商、台商、財團獲利，絕大部分的二千三百萬人民得不到雙營運中心之恩惠。馬版又高唱取消四十％投資上限之限制，「製造在中國，營運在台灣」之結構，勢必進一步深化。回國上市之公司件數或許會增加，但集資後還是到中國投資，台灣分不到多少，反而五鬼搬運之戲碼不斷上演，樂了證券商，苦了投資者。

　　外商在台所設立之亞太營運中心開始時段或許會興致勃勃，但生產活動日移中國之情形下，不久必察覺不如在上海、洋山或深圳設立營運中心來得更直接、更方便，上海之地理位置又不比台北差，台灣就被棄之如敝屣。全球營運中心也因主要營業活動都已在中國，索性在上海購置「中國總部」，台灣即只留法理總行，更多的青年及菁英被迫隨企業西遷而外移中國，台勞將成為一種普遍現象。

　　勞動人口之外移，必使國內消費減少，台灣政府不得不乞憐於中國，中國政府為「促統」，

三千四百五十億與主權的流失

本月 10 日，自由廣場「主權是經濟之本」是一篇從政者必讀的好文章。作者台灣教授協會戴副會長強調，「假如台灣人民要的只是民生經濟的發展，而把國家主權與獨立的追求束之高閣，台灣的經濟將會漂浮無根」，同時提醒國人，「經濟的發展不能沒有國家獨立與主權的確立為後盾」。

不幸的是，當今政府積極推動的「週末包機」、「人民幣兌換」、「中國觀光客來台」的三合一「民共談判」，卻是把國家主權與獨立的追求束之高閣的經濟棄台政策。他們為了台商之方便及國內觀光業者之需求，把「擱置主權」與「確保主權」阿Q式地劃上等號，以「複委託」瞞騙國人，有意無意地出賣台灣的主權，掉入中國「兩岸問題是中國內政問題」之陷阱。這也是越來越多的外國人接受「台灣是中國一省」的主

要原因。希望政府回頭是岸，及時體會戴副會長
「經濟發展不能沒有國家獨立與主權的確立為後
盾」的深層意義。

其實「民共談判」所涉及的週末包機、人民
幣兌換亦很難說是對「民生經濟發展」之追求。
因為週末包機直航雖然方便台商往返中國（包括
在台外商），節省時間，但也會增加台商及一般
民眾對中國之投資與觀光消費。依剛出爐的全國
工業總會之一項調查，開放直航後會增加對中國
投資者約為增加在台投資之一‧九四倍（估算每
年會增加對中投資九十億美元，折合台幣三千億
元），陸委會的調查亦顯示會增加國人赴中觀光
人次一‧六倍，增加觀光消費金額至少七百億
元。但開放中國觀光客來台的消費金額估約二百
五十億元，三者加減，台灣將會因此次「民共談
判」年增加之淨流出金額將達三千四百五十億
元。

所以筆者也要趁此機會提醒政府，除應注意
到「經濟經展不能沒有國家獨立與主權之確立」
之原則外，也要深切了解「經濟之自主與發展在
追求國家主權與獨立的重要性」。當台灣之資金

與資源，因直航及銀行登陸而日漸枯竭之時，中國大吸小之磁吸效應將會更加發揮，屆時任何改善國內投資環境之措施，均將無濟於事，正式掛牌買賣的人民幣也會逐步取代台幣，在與中國之通商往來中通行無阻，確立「準國幣」的地位。台灣產業亦將在中國「以經促統」的政治操作下兵敗如山倒，什麼「三要」（即台灣要獨立、要正名、要制憲）均將淪為空洞的口號。經濟是主權之養份，當主權這一「喬木」得不到土壤給予的充分養份時，必將枯萎而死亡。顯然主權與經濟兩者是一體的，欠一不可。

　　經濟學其實並不那麼奧妙，台灣仍保有不錯的經濟基礎，只要政府堅持維護國家主權，中國不承認我方主權之前，永不與其直航、不讓尖端科技產業及銀行登陸、不鬆綁投資中國上限、不讓代表中國主權的人民幣在台流通，即主權與經濟均得兼顧，「台灣要發展」的目標必能水到渠成。「台灣要正名」、「台灣要制憲」的國家正常化亦會如魚得水，很快實現。

（自由時報　2007 年 3 月 20 日）

週末包機載走台灣消費力

「兩岸春天的氣息已經嗅到了，春暖花開時，
就可以看到大陸觀光客來台了」，這是陸委
會官員在產經建言社研討會上的一席「名言」。
此話一出，在統派媒體的簇擁下，台灣經濟頓時
如重獲新機。由於該官員之出席是獲上面之同意
與授權，其發言應已充分流露出政府對兩岸經貿
的心態與期待。

正如統派學者所言，台灣今年的經濟成長率
若想達成四‧三％的預測目標，內需之能否擴大
是一重要指標。亦即，民間消費成長率須從去年
的一‧五三％的低水準提高到三‧二％（註：
1980 年代平均十三‧五％），顯然開放中國觀光
客來台，是當今政府想要提高民間消費的一服
「官方藥方」。陸委會還正在快馬加鞭，將兩岸
金融監理及貨幣清算機制（即人民幣兌換）結合
在雙方協商的範圍，要一舉闖關。這也是行政院
陸委會副主委童振源敢說：「兩岸週末包機、貨

運包機及陸客觀光可望成行」的緣由。

　　問題是，開放中國觀光客來台真能提升國內民間消費，使台灣經濟否極泰來嗎？如果中國觀光客來台不附帶人民幣兌換或變相直航，是單純的開放，答案是肯定的。每天開放一千人，每人花費七萬元計，全台一年將有二百五十億元的觀光收入，即使貢獻不大，總是有一點點助益。

　　但如果開放中國觀光客來台還要夾帶週末包機及人民幣之掛牌，結果將會完全不同。因為週末包機雖會帶來中國觀光客，但也會帶走去中國度週末的我國人民，國人赴中國觀光置產的人次，保守估計將年增百萬至二百萬人次，每年增加在中國的消費，將會是七百億元到一千四百億元，是中國觀光客來台二百五十億元的二‧八至五‧六倍。

　　台灣的觀光飯店及旅行業者，可能會因中國客光顧而生意鼎盛，但從整體台灣來說，受益者是少數，絕大部分的行業將會因週末包機載走高消費能力的國人而生意蕭條。如果人民幣亦因中國觀光客而正式在台掛牌開放在人民幣升值期間，國人對人民幣之投資必日益普遍化，對業已

偏低的國內民間投資將雪上加霜，長遠之影響更是難以估計，飲鴆止渴莫此為甚。

中國共產黨一向是鬥爭、談判的高手，過去的「國共談判」都以國民黨之慘敗收場；民進黨政府的「積極開放」所得到的也是以中國大贏、台灣全盤皆輸，只有部分台商得到利益；此次為開放中國觀光客來台的「民共談判」結局如何，確實值得國人之關心與重視。依當前所得信息判斷，台灣全民在民進黨政府主導的「民共談判」下，所要迎接的，將不是「春暖花開」的美好氣息，而是「秋江水寒」，大批「台勞」湧入上海的開始，「終極統一」、台灣成「大中國經濟的邊陲」恐難避免。民進黨政府懸崖勒馬為宜。

（自由時報　2007 年 2 月 27 日）

經濟成長率腰斬的省思

上　週末的高雄科學工藝館廣場，熱鬧異常。場
　　內站著成功跨越濁水溪的國民黨主席馬英
九，聲嘶力竭數落著阿扁政府六年的政績。他
說：「國民黨主政的八十年代（民國），台灣經
濟平均成長率為六‧六％，但民進黨主政時期已
腰斬至三點多，在亞洲四小龍中敬陪末座，人均
所得去年也被南韓所超越，六年來只有高收入家
庭的所得增加，其他八十％的中、低收入國人所
得都在減少，民怨沸騰，已足以構成罷免之條
件」。「下台」之聲也因此響徹雲霄。

　　奇怪，馬英九似乎沒察覺，他所引以為傲的
六‧六％經濟成長率，正是他及當今國民黨所極
力否定的「戒急用忍」政策的成果，而被他「消
遣」的民進黨三‧六％成長率，卻是阿扁政府師
法當今國民黨所力主的「積極開放、自信鬆綁、
大膽西進」政策的「傑作」。國民黨主席李登輝

主政時期，李氏力主台灣之主體性，反對以中國為腹地的亞太營運中心，終能在 1997 及 1999 年將股市推上萬點，也成功將對中國的出口依存度控制在二十五％以下水準，實現了雖不滿意，但還可以接受的全球佈局。

但 2000 年民進黨執政之後，卻反其道而行，與泛藍共舞，大搞包機直航及與中國之經濟統合，積極開放對中國之投資。六年下來對中國之出口依存度飆上三十七‧八％，對美、歐、東南亞之貿易卻日趨萎靡，全球化成為中國化的代名詞，企業在中國雄飛，但國內投資不足，平均經濟成長率腰斬。換言之，民進黨今天之困境，是民進黨政府執行「馬英九路線」的結果，但卻成為馬英九拿來作為痛「扁」民進黨的絕佳題材。這是何等諷刺！只能以「啞口壓死囝，有苦說不出」來加以形容。

陳水扁總統在今年元旦提出「積極管理」的新思維，似有意終止過去「寄望中國」的「泛藍路線」，把台灣經濟拉回至六‧六％的自主、中高成長軌道，但旋即遇到黨內及大中國主義者之反撲。六個月過去了，西進依舊，經濟卻持續淌

血。

　　不過，泛藍也無須高興，因為「積極開放」政策所導致的經濟失速，同時、同等暴露了「泛藍路線」的誤謬，其對台灣經濟之傷害甚至還會遠高於民進黨的積極開放政策。因為，泛藍對中國開放之主張，比民進黨更為積極，甚至不諱言立即的直航與更密切的整合，包括取消四十％的限制及一些尚未鬆綁的投資規範。他們硬拗說，「徹底開放，完全結合中國，經濟才能起死回生！」（部分民進黨執政官員持相同看法）。

　　台灣經濟真如泛藍及部分民進黨官員所說，徹底開放結合中國就能起死回生嗎？請不要相信「脫衣（積極開放）而覺得很冷（產業外移）是因為脫得不夠，只要脫到精光（徹底開放）自然就會溫暖」的歪理，也奉勸從政的民進黨人，回頭是岸，從中國國民黨主席高雄科學工藝館的吼囂擷取教訓，若民進黨政府真的無法擺脫財團及親中媒體之擺佈，繼續沿著泛藍的路線走下去，經驗已告訴了我們，台灣的經濟成長還會持續腰斬下去，台商或可雄飛中原，但「台勞」必將成為國人唯一的出路。（自由時報　2006年6月29日）

執迷不悟的「中國經濟觀」

中國經濟觀已在台灣風行十五年了。「中國經濟觀」就是將台灣經濟放入於中國經濟之內，以中國為出發點，解讀周遭台灣經濟問題的切入法。它的主要論點是：中國之崛起是無可阻擋的趨勢，台灣若不善用此一崛起中的大中國經濟體，台灣必在世界的競賽中被邊緣化，被淘汰，因之如何建立穩定的兩岸關係是台灣經濟持續發展的先決條件，亦即任何有礙兩岸經濟交流之障礙都必須排除，建立兩岸共同市場則是追求的最後目標。

中國經濟觀的真諦，在週一的「扁馬會」中亦展現得無微不至。當天馬英九市長以高分貝呼籲陳總統，承認九二共識，堅守四不一沒有，以打開兩岸協商的契機，促進直航，達到趨吉避凶邁向雙贏之局。他還舉前一天一名阿嬤帶著孫子燒炭自殺事件為例，指責扁政府阻撓直航，使企

業無奈出走，國人失業，貧富差距擴大，孳生卡奴。馬市長之思維邏輯是，只要兩岸直航、開放銀行登陸及觀光客來台，廠商就會增加在台投資，外資也會源源而來，經濟就會活絡，不管中國如何霸道，如何打壓，或多少飛彈，中國就是台灣希望之所託，中國之外沒有任何市場或國家可以解決台灣的經濟問題。這就是標準的「中國經濟觀」。

　　雖然他們也經常說，我們是處在全球化的世紀，但「中國經濟觀」的狹隘性是難以否定的，因為中國經濟觀視中國為全球之中心，明知台灣經濟之自由度遠高於日、韓，只因與中國沒有直航，只因對中國投資有一些限制，就誣指政府「鎖國」，此種「唯中國觀」的狹隘性有時真會令人咋舌。據報導，馬市長上次訪英時得意地說：「你知道有七萬多家台商在中國投資，創造約一千萬工作機會嗎？」言下之意為此感到欣慰與驕傲，可見中國就是他思維的中心，至於對台灣有無好處，台灣工人有無因此失業即不是其關心之重點。（註：以台灣為中心來思考解讀時即不然，他們會以台灣的角度來看問題，而憂慮因

此台灣流失多少資金，喪失多少工作機會，降低多少競爭力等。）

　　或許自小就接受了大中華的洗腦，「中國經濟觀」者對中國之鍾愛與執著至深且固，遠遠超越對台灣之愛，所以他們明知台灣對外投資九十％集中在中國，出口依存度已高達四十％，七十九・五％資訊硬體的生產在中國，但仍嫌台灣對中國不夠開放，還會為此編織解套的歪論，如「研發在台灣、製造在中國」並以此教訓他們眼中的基本教義派。明眼人都知道，「皮之不存毛將焉附」，台灣沒有製造焉有研發？既已將生產基地設在中國，老共必然也會要求研發能在中國，屆時台灣產業如何立足？這些都是至明的道理不需高深學問的。泛藍的偏執，我們可以理解，因為他們的黨所追求的就是終極的統一，但這也是台灣人之悲哀。

　　　　　　　　　　（自由時報　2006 年 4 月 6 日）

統派憑什麼咄咄逼人

自從立法院開議，可以說日日沒有冷場，場內天天熱鬧非凡，有的直指蘇內閣為「傀儡內閣」，有的氣燄薰天，要求蘇揆對到底現在國統會、國統綱領還存不存在，做「Yes or No」的回答，口氣之傲慢不亞於北京的李肇星、吳儀。尤其自從陳水扁總統裁示「終統」後，泛藍上上下下抓狂之程度，真是令人難以置信，一會兒決定對總統發動罷免，一會兒要求釋憲。據報導，國、親兩黨還正在動員一場大遊行來展現泛藍民眾的「偉大」力量。

平心而論，泛藍親中人士本來就心繫中國，一向以帶領台灣回歸他們「祖國」為矢志。是以，他們反廢統之表現，應不足為奇，亦可理解。但令人憂心的是，泛藍一連串「聯中制台」、「賣台求榮」的行動，到現在為止，竟然仍激不起國人之憤怒與唾棄，難道國人願意在北

京專制政府下過不自由的生活？由六十三％受訪
民眾自認是台灣人，獨立、永遠維持現狀及先維
持現狀再獨立之民眾，合計亦在五十九‧五％
（中國時報2月20日民調）之情形看，顯然大部
分的國人並不願意看到統一。

　　然而，泛藍立委杯葛軍購案已四十六次了，
去年3月14日中國制定反分裂國家法時國親竟然
噤若寒蟬，還迫不及待地上京與中共發表五大願
景，新主席馬英九更毫不諱言指出統一是該黨的
終極目標，也大言不慚地說要推動松山機場為直
航航站，擺明兩岸航線是國內航線，為何每次民
調，泛藍仍然獲得不少民眾之支持？

　　媒體被親中泛藍控制是原因之一，但更嚴重
的原因是台灣整體經濟對中國之傾斜。過去政府
對廠商西進之放任與積極開放，對國內經濟之衝
擊姑且不談，它對台灣最大的傷害是「西進資
敵」的正當化，久之，它在國人社會造成「中國
非敵國」的偏差概念，這就是泛藍聯共制台的種
種舉措均引不起國人強烈譴責的主要原因。

　　已在中國的百萬台幹姑且不算，向中國傾斜
之經濟亦已使國內泛藍選民層更加雄厚，支持本

土媒體及愛鄉節目的企業亦越來越少，因為在中
國有鉅額投資的，誰都不敢去撫摸北京當局的鬍
鬚。主張本土意識的言論，因此越來越失發聲的
管道，親中媒體即越獲台商之青睞。統派在立法
院的一股咄咄逼人的傲氣，也會在親中媒體的包
裝下成為正義之聲，當然激不起國人之憤怒，還
會成為「為民喉舌」的「偉大」英雄，讓泛藍穩
坐國會多數之地位，將台灣帶上「終極統一」的
不歸路上。

　　阿扁總統或有所感，在元旦文告中闡明了
「積極管理」的新經濟方向，目的就是想扭轉整
體經濟日益向中國傾斜的趨勢。但三個多月的時
間過去了，「積極管理」仍不見蹤影。希望愛鄉
愛土的社團及國人能及時注意此一問題之嚴重
性，「積極」督促政府，要求政府快快推出「積
極」有效的「積極管理」政策，帶來台灣永續的
希望。

　　　　　　　　　　（自由時報　2006 年 3 月 9 日）

馬市長的「經濟中國觀」

台北市長馬英九在北市施政七週年記者會上，強調他將以國民黨主席身分，推動立法促進兩岸直航。他說不僅要把松山作為兩岸直航機場，還要開放花蓮等所有國內機場與中國各地連接。顯然，他是要把台灣與中國之航線定位為如松山——高雄、花蓮——台南般的國內航線，當然也不要求政府對政府的談判。

從他的談話可以看出，他並不把台灣視為一個國家，而是以大中國的一個省來訂定他的兩岸政策。更荒誕的是，他認為這樣可以使台灣成為外商前進中國之跳板，可以提升觀光收入，中國是台灣經濟之將來，如果不趕快把握中國崛起之商機，台灣將會失去一切，台灣若不趕快與中國結合，台灣將會邊緣化，台灣經濟就盪到谷底，沒有將來，還警告扁政府若不推動直航，阿扁八年施政就會白得像一張紙。

　　馬英九的論調，可以說是標準的泛藍「經濟
中國觀」。泛藍的「經濟中國觀」是什麼？它淵
源於五千年一直游蕩於中國的「大中國主義」與
對「大中國」之憧憬，時而會在軍事上成為「統
一天下」，經濟上成為驅動「躍馬中原」的「偉
大」動機與行為。但不管其動機如何，歷史告訴
了我們，最後的結局都是悽慘的，若不是棄甲曳
兵，就是族亡而鄉土失。十三世紀元的忽必烈，
貪圖中原，定都燕京（北京），結果只揚威了八
十九年就得棄甲而逃，蒙古帝國若不是躍馬中原
應不致如此短命。十七世紀清順治帝心懷「大
志」，看中了神州，揮軍越過山海關，他的雄心
是達成了，八旗統治了中國達二百六十七年，但
結果滿洲族被大中國融化於無形，大好河山成為
中國之三省。

　　台灣或許是神的安排，幸運脫離了大中國魔
咒五十年，得以締造台灣經濟之奇蹟，衣食足之
外還累積了技術與資本。可是很不幸地，大中國
之幽靈死灰復燃加上統媒鼓吹，「躍馬中原」頓
成企業之時尚，一波波的中國熱就這樣形成。

　　現在的台商確實得意洋洋，所到之處紅地毯

侍候，但過去的蒙、滿卻也因此忽略了對故土之
耕耘而國亡族滅。台灣似乎也正在步其覆轍，在
中國之磁吸下，近幾年經濟之活力已大為衰退，
只留一些因「戒急用忍」而未能躍馬中原的產
業，作為緩慢推升台灣經濟的支柱。

　　若馬市長「全面直航」、「火速西進」的
「雄志」實現，我們可以斷言，幾個財團確能隨
心所欲在「神州天府」大展鴻圖，但幾十年後，
歷史將會告訴我們的子孫：「台灣為了企業利
益，由當時的馬英九帶領開啟經濟的山海關，讓
台商融入中國，台灣從此成為中國經濟發展之跳
板，經濟奇蹟隨之成為明日黃花，台灣成為中國
之一省，屈居共產中國的邊陲」。

　　台灣是否要做為主權國家持續過去之繁榮，
或甘願埋沒於大中國之醬缸成為中國之一省滿足
一時個人之雄心？一切都在等待國人之選擇。

　　　　　　　　　（自由時報　2005 年 12 月 29 日）

外商的迷思

選戰激烈到連外商也被捲入了。目前藍營引述美商美林證券一份報告指出，只要民進黨沒贏得大縣，市場的反應會趨於正面，並被解讀為民進黨大輸或許會迫使民進黨考慮鬆綁兩岸政策云云。遠見雜誌即引述歐洲商會紀維德的談話，認為因為戒急用忍，台灣成為亞太轉運中心的機率已越來越小，此一談話被統派媒體擴大宣傳。

商人畢竟是商人，台商、美商都一樣，都是「在商言商」。台商希望政府放手讓其能隨心所欲逐鹿中原，外商則希望台灣成為跳板，需要時利用之，不要時可立即抽身。轉運中心就是來去自如之場所，也是外商之最愛。

台灣能成為亞太轉運中心嗎？掃興的是，近幾年台灣港口之裝卸量是負成長的，高雄港貨櫃裝卸量在世界的排名由原來的第三名節節下降，2004 年排名第六，並被上海、深圳、釜山所趕

上。但請不要責備政府沒有「直航」,該責備的應是「主力產業西進」的那些「中國崛起論者」,因為生產線都移到中國了,台灣已沒有貨可裝。台灣沒有貨可裝,貨船當然就不靠岸,直接駛到台商的生產地上海與深圳,尤其高科技產業西遷之後,對空運影響最大。這是實情,與「直航」攀不上任何關係。

不過,我們也必須為外資之處境感到歉疚。今年,台股是日本除外,外資(QFII)最捧場的亞洲股市,買超已達四千四百七十九億元(至2005年11月23日止),尤其11月,外資又狂撒銀彈一千七百多億元,但再多的外資似乎仍彌補不了廠商西進所帶走之資金缺口,指數一直在六千二百點打轉,暫時還看不到明顯而令人興奮的曙光。

外資畢竟是商人,投資台股的目的就是想賺股票之增值利益,他們現在迫切期望政府的是「能下一服立即可以刺激股市」的藥方,好讓他們得以全身而退。「直航」、「兩岸政策之鬆綁」就成為心中的期望,這應是美林證券報告對泛藍有所寄望的主要原因。

　　只是商人的期望與國家利益有時是未能吻合的，政府委託的一項研究報告指出，直航年約可節省廠商新台幣一百四十到二百億元的運輸成本。

　　但同時也會增加台灣對中國之投資一‧九倍（約百億美元，折合新台幣三千二百億元），相對壓縮國內的經濟活動，而使台灣更加失去做為轉運、物流中心之條件，若再加上治安、國防之支出，即利弊之天平顯然傾向對台不利之一方。

　　或許我們可以這麼說，此次美林證券的報告與歐洲商會的談話對兩岸關係的認知是膚淺的，但大家也不能責怪他們，因為他們只是基於歐、美強勢文化的思維去判斷，該責怪的是想利用他們來達成某種政治利益的統派政客。

　　　　　　　（自由時報　2005 年 12 月 1 日）

外資爲何誤判台股

台股表現疲軟不振，致這幾年散戶投資股市大都以慘賠收場，外資似乎亦不例外。但亞洲其他各國之情況則大不相同，以 2004 年爲例，新加坡漲了二十一‧六四％，南韓二十七‧二五％，菲律賓二十五‧○六％，日本也漲了十四‧九八％，唯獨台灣只漲四‧二三％，所以去年投資台灣股票的散戶應該是賠多賺少。2005 年已過了八個月了，亞洲以南韓表現最好，漲了二十‧九％，日本十‧五％，菲律賓也小漲六‧二％，泰國四‧四％，四大金磚的印度即漲十八‧二％，獨獨台灣下跌一‧七％，賠的人當然還比去年多。弔詭的是，今年這一期間外資買超台股達一○九‧二億美元（折合台幣約三千五百億元），是日本除外外資捧場最力的亞洲股市（外資買超韓股只八‧四億美元）。

今年年初以來外資對台灣股市之看法一直是

相當樂觀的，有人還預測台股可望上看萬點（JP Morgan）。但事與願違，由於新台幣現在又回跌到三十二‧七五元，今年及去年買超台股六千三百億元的外資現在正面臨著股、匯雙套之尷尬格局。

為什麼以投資精英自傲的外資會在台灣鐵羽呢？

第一，他們一直認為、也一直建議政府，「台灣越開放，經濟就會越好」。結果，台灣是當今亞洲國家中（除都市國家）經濟自由度最高的國家，遠高於韓、日。但台灣越開放，能對抗中國磁引的力道即越低，使台灣資金外流更為嚴重，股市表現越差。

第二，他們一直以西方之眼光來分析台、中之經貿關係，認為「投資中國有利於台灣經濟之發展」。他們在分析過程中只顧眼前個體經濟之利益，卻完全不了解台灣投資中國之金額每年平均已高到台灣GDP之四％，遠超過美國的〇‧〇三％（即美國之一三〇倍），亦高於南韓約二十多倍的事實。長期言，這是股市的大利空，可惜外資並未察覺。

　　第三，他們一直將三通、直航、包機、和解共生等等，凡能促進兩岸交流的都視為有利於台灣。結果將這些對台灣經濟及股市應屬利空的壞消息統統解讀為利多的好消息，完全忽略了台灣、中國大小懸殊，小經濟體與大經濟體結合必使小經濟體的人才、資金逐步流向大經濟體經濟中樞，不利於台灣經濟及股市的市場動向。

　　錯誤的認知必然會導致錯誤的投資判斷，所以才會有今年股市會攀登萬點、台幣會升破三十元價位等驚人的預測。過去的經驗告訴了我們，「戒急用忍」其實是股市之大利多，1997 年 8 月台股一度攀登一〇二五六點，這是 1996 年 8 月實施戒急用忍的結果。1990 年代後期投資者都能在台積電、聯電等科技股獲得不錯的投資利益，也是因為戒急用忍後，他們深耕台灣的亮麗結晶。

　　經驗就是知識，希望外資的投資朋友能擷取此次痛苦的經驗，台灣非香港，亦非新加坡的都市國家，非越開放就會越好，並藉此機會多了解台灣，因台灣對中國之投資業已超量；也多認清中國對台之野心，不要再逼台灣政府對中國開放。

　　大家如果能一反過去的「以商逼政」，轉而要求台灣政府對中國多做一些「有效管理」，則台灣的股市必能恢復 1980 年代活潑的氣象，外資對台累計達八百七十億美元的證券投資必有驚人的獲利空間。

（自由時報　2005 年 9 月 14 日）

包機？包輸！

2005 年可以說是統派之大豐收年。新春伊始就成功促成了春節包機直航，當天中共看到台灣的媒體、機場宛如慶祝另一次「光復」般的熱烘情景，認機不可失，進而推動「反分裂國家法」之立法。果不出所料，該法出爐後，台灣方面的反應只是一場遊行，遊行過後馬照跑舞照跳，且還促成了台灣親中政黨領袖們一連串的緬懷之旅，和平之旅，搭橋之旅，民族之旅。現在他們的目標就是要將陳總統「不能有效管理寧不開放」的宣示，設法予以去勢，把經貿政策拉回「積極開放無效管理」的原有軌道之上。

為此，統派與台商近日來再度出招，首先以誤導民眾的命題委託蓋洛普作「客貨運包機常態化」的民調，8 月 28 日並將其結果披露給媒體。他們對媒體之動員力量確實可觀，連標榜本土的某報亦在財經版上以「兩岸客貨運包機常態化七

成民眾 YES」的特大標題加以報導，並引述一位理事長之分析說，包機有助解決台商包二奶、國內經濟成長遲緩問題。台派報紙尚且如此，其他統派日報、晚報當然不在話下。

以「逾七成民意支持」的謊言對國人及政府打了一支麻醉針後，次日（8月29日）統派媒體即進行其此波的攻堅攻勢。他們不約而同的於第一版或第二版幾以全版的顯著標題報導：「海空運七四七貨機每月少飛三十架次」、「前七月海空貨運首見同步衰退」、「外籍貨運停飛台灣線」，並將其問題引導至「亞太營運中心因戒急用忍虧一簣，海、空運活到今天是奇蹟」的論述，將高雄港貨機之減少、貨櫃裝卸量之消失歸責於政府的「鎖國」政策，以此作一次對國人的洗腦工作。

打了麻醉劑、做了洗腦工作後，下一步驟就是「逼政」。兩天之後，他們即以社論或短評呼籲全民為「台灣經濟殺出血路，推動直航，只要有突破，台灣經濟立即能化危機為轉機，撥雲見日，帶給全民好日子！」同時警告政府，「台灣半導體、面板業再不放行，煮熟的鴨子都飛光

了」。目的在那裡至此已不言而喻。

事實是如此嗎？當然不是。台灣海空貨運之所以會衰退，貨櫃裝卸量之所以會消失，與有無直航毫無關聯，主要的原因，是台灣製造中心之外移中國。沒有製造，就沒有貨，貨櫃輪當然就不來了，它們必須駛向有貨的地方——中國。韓國釜山的貨運量為什麼不會減少？因為韓國廠商並未將製造中心外移中國。這一點，可以由韓國對中國之投資累計金額尚不及台灣對中國投資累計金額的十分之一來證明。

「再不放行，煮熟的鴨子都會飛光」嗎？事實是，凡放行的一定飛光，留下來的都是戒急用忍下未放行的產業。

1990 年代初政府未及早實施戒急用忍，才使我國的傳統出口明星產業在 1989 年至 1994 年的短短五年間自台灣消失殆盡。2001 年，就因政府的積極開放才使我國的桌上型電腦、NB、手機等迅速由台灣遷移至中國。2001 年時筆記型電腦國內生產值比為八十九％，中國產值比僅四％，但去年，中國產值比已竄至八十二％，國內僅剩十六％。請問放行的鴨子有沒有留下來？這樣七四

七還要飛台灣嗎？

　　現在台灣的產業在中國的磁吸及統派之推波助瀾下所剩已不多，只剩半導體、TFT 面板、高階封測廠、石油裂解、鋼鐵等幾項而已，若再不守住，台灣產業之空洞化、經濟之邊陲化必加速進行。請政府堅守「若不能有效管理寧不開放」的這一最後防線，不要再向統派之「以商逼政」屈服，這樣才能保住千千萬萬的勞工生計，同時也呼籲國人好好督促政府，做政府推行有效管理之強大精神後盾。

（自由時報　2005 年 9 月 7 日）

評「承認中國學歷才是愛台灣」

據報載，台北市長馬英九日前對當前國事表示了他的看法，他說：「愛台灣還是害台灣，著眼的應該是對台灣有利還是不利，現在內閣部會裡有很多留美的首長，美國的國家安全會議也有很多來台灣學國語的，這個例子在說明主張承認大陸學歷，才是愛台灣，才是為台灣長遠利益著想，三通直航是我國好，是為企業減少成本，台灣不能動不動就鎖國，會越鎖越小……。」

由上述馬市長的一席話，我們可領略到馬市長的國政的主張似乎欠缺了一項國家領導者最基本的認知，即欠缺台灣正處於強大中國的威脅的基本認知。雖然中國是世界上唯一明言要征服台灣，消滅中華民國的敵對國家，但馬市長的腦海裡，中國還是一個友好的國家，說白一點，是祖國，所以在市長的眼光裡，瞄準台灣的五百多枚飛彈也是善意的，台灣政府任何對中國的防範措

施都是不對的，都是鎖國思維的產物。

　　台灣在鎖國嗎？我們認為一位領導者對事實必須誠實，顛倒黑白對人民是一種極不負責的行為。事實是，台灣是世界上最開放的國家之一，我國的對外貿易總額幾占全國 GDP 的百分之百（我國GDP約三千億美元，進出口總額即超過三千億美元），此一比率遠比美、日等主要開放國家為高。經濟自由度排名（除新加坡、香港之小島經濟體）在亞洲也是第一，遠比日、韓兩國自由、開放。馬市長將最開放、經濟最自由的台灣說成鎖國，可以說是完全顛倒了是非。「台灣對中國不夠開放嗎？」事實是，台灣對中國之經濟依存與年俱增，今年我國對中國之投資已高達我國對外投資的八十五％，對中國之出口依存度亦高至三十七％（對美則降至十五％）。難道我國對中國投資非要到百分之百不可？我國之出口百分之百也要到中國才算是開放的國家？我們了解，澎湖的島外投資大約百分之百到台灣，澎湖貨物的往來也幾乎百分之百到台灣本島，台北馬市長所想要的或許就是這一個境界，也是中國所希求的目標。換句話說，就是台灣的中國內地

長也是以「大中國」之視野來分析問題，才會有視中國為友的錯誤認知，才會有「現在內閣部會裡有很多留美的首長，美國的國家安全會議也有很多來台學國語的，這不是很好嗎？」的論述。試想如果台灣的內閣部會很多是北大或中國人民大學畢業的首長，台灣還會是台灣嗎？中國非美國，中國的專制教育所教導出來的是一群「視統一為神聖使命」的大中國教條主義者。承認其學歷並想讓其來台擔任重要職務（如閣員），莫非是昏了頭，存心要把台灣變成PRC之一省？可見馬市長的心裡「大中國」一直是思維的中心，才會對可能面臨的國家風險如此地麻木不仁。

我們贊同馬市長「愛台灣還是害台灣，著眼的應該是對台灣有利與否」的論述。但對台灣有利與否常會因「以台灣為中心」或「以中國為中心」為分析之出發點，而有很大的差異，甚至產生完全不同的認定。以上述的「鎖國論」來說，八十五％的對外投資到中國，若以「台灣中心」為出發點，這是動搖國本的危險信息；但以「中國中心」的觀點言，是有利於中國，同時有利於台灣，即使百分之百投資到中國也是其所樂見

的。對三通直航之看法亦然,「中國中心」者認為只要對企業有利,就應三通;但「台灣中心」者即會憂慮國內投資不足、勞工失業的問題,認為不利於台灣。應否承認中國學歷的命題上,同樣有此認知的差異,「台灣中心」者深怕雙方教育制度的不對稱,會有利中國對台之滲透,傷害國內的教育市場;但「中國中心」者即認為學子可到北大讀書有利於台灣。

「中國中心」者或許會反駁說:我們(中國中心)才是真正為台灣著想,是為台灣好,是真正的「台灣中心」。但是「事絕不會那麼巧」,人的心向還是可以檢驗的,吸引台商、三通直航、承認中國學歷(還有很多,如反對軍購、採用中國的漢語拼音等等)都是北京之最愛,怎會中國北京所喜愛的都「對台灣有利」呢?台灣深怕的是,若「承認中國學歷才是愛台灣」之論述可以成立,「堅持統一,接受一個中國才是愛台灣」的論述不久也會出現。我們真能信任持此等論述的人嗎?

(自由廣場　2004 年 8 月 25 日)

第6章 用心看台灣

論統獨真假議題之爭

李前總統的一句「台灣不必再追求獨立」被人誤解、刻意扭曲，硬說他放棄台獨，但以筆者之了解，李前總統是在強調「台灣已經是主權獨立的國家，現在重要的是解決民瘼，建立國家之主體意識，推動正名制憲，邁向國家之正常化」。

近幾年來，「台獨」這一論述因牽涉到理論與現實的糾纏，如「正名、制憲是不是台獨？」「不能進入聯合國能不能算已獨立？」等，著實很難有釐清之一天，即使「事實獨立」與「法理獨立」亦有許多不同之詮釋。

不過，大家應該記憶猶新，2004 年 10 月美國國務卿鮑威爾在北京表示，「台灣不是主權獨立的國家」，次日行政院長游錫堃立即在立院反駁重申台灣主權獨立的立場。此一立場與李前總統「台灣已是主權獨立的國家」之立論是相同的。

在國際場合「台獨」（Taiwan Independence）也會讓不明歷史的外人產生「中國在說台灣是中國的一部分，而台灣現在主張獨立，就是要從中國分離出去」的錯覺（註：其實台灣自始不屬於中國），從而有自陷台灣是中國一部份的危險邏輯漩渦，正中中國下懷。是以，從確立台灣主權之觀點言，「台灣已是主權獨立的國家（台灣不必再追求獨立）」，應是可行而有利的論述。殆無疑義。

　　不過，我們也不能忽略台灣國外「正受中國之圍堵，被國際所排斥」，國內又受統派之掣肘，政務受到親中勢力之杯葛的殘酷事實。刻意去迴避事實或尋求妥協，有時反而會使「主統勢力」得寸進尺；但若起而面對它，統獨爭議即必然產生，內部對立幾乎是無法避免，這也是「台灣之悲哀」所在。

　　台灣另一個需面對的事實是五十年國民黨「殖民統治」之歷史遺毒，如充滿中國地名之街道，無不以中國命名的國營事業，一部大中國的憲法，任何要變動它的正名、制憲運動必然會在台灣內部掀起統獨之爭，在此意義上統獨又是不

折不扣的真議題，這也是李前總統一句「統獨」
是一個假議題，會大傷深綠感情的主要因素。

　　不過我們也不能否認，民進黨七年的執政卻
有將統獨「真議題」予以「假題化」之傾向，選
前高喊正名制憲、一邊一國、台灣優先，選後立
即改推經濟統合、積極開放、和解共生等「經濟
的終極統一」路線，將黨產問題、轉型正義、正
名制憲、投資台灣忘得一乾二淨。

　　此次民進黨政府能如火如荼進行公營事業之
正名，我們舉雙手贊同，但若觀察過去七年之所
作所為，仍難脫「為二〇〇八熱身」的譏評與誤
解。如果此一運動在 2000 年或 2004 年選後就推
行，所得到的掌聲當會數倍於今天，也不會有
「假議題」論述存在之空間。

　　我們認為，為了台灣，本土陣容的「台
獨」、「真假議題」之爭論應可到此為止，從此
休兵，口徑一致，以「台灣已是主權獨立的國
家」對外，對內即推行正名、制憲與投資台灣優
先，邁向正常化的國家繼續努力。但在努力中，
國內統獨之爭即是不可避免的真實議題，除勇敢
面對它外，似乎沒有他途，因追求「台灣主體、

台灣主權（包括政治、經濟）獨立」無所謂的中間路線。

（自由時報　2007 年 3 月 6 日）

超限戰的極致

超限戰之極致是，讓敵人不自覺地站在他者之立場，做些不利於自己的事。民進黨政府高唱「台灣主權獨立」，卻受媒體、台商、御用學者之影響，站在中國「以經促統」之政策上大搞「積極開放」，結果「養虎為虐」，百業蕭條，民怨沸騰，演變至凱道紅潮之亂，即其一例（註：SOGO、台開案只是導火線而已），超限戰之厲害就在於此。

超限戰戰場無所不在，手段也無所不備，但亦非神功無邊。1987 年以前，台灣因採不接觸、不談判、不妥協的三不政策，中國超限戰在台灣島內就使不上力量。1987 年開放探親，台灣與中國開始有了接觸，只不過李登輝主政時期，由於李氏之執著，台灣中心之主體觀一直為政府施政之大方向，因此台灣在紛紛擾擾的文化及國家認同爭吵中保有一明顯的指標，即台灣主體性之建

構。依此，本土化、民主化成為李執政時代國民
之主流意識，種下了本土政權崛起的種苗。

　　不意，上台的民進黨政府一開始就以「四不
一沒有」，將「台灣主體」做了一次而大膽的自
我了斷。次年又通過了「開創台灣經濟新局決議
文」，將與中國之經濟統合予以定調，開啟了往
後六年經濟上朝野互拚開放之局，注定了今天台
灣政經之困境。這種「經濟統合與台灣主體可以
兩立」的阿Q理論，使得台灣主體之建構隨著統
合之進行逐步走下坡，這也是民進黨2004年的總
統大選贏得那麼辛苦，而往後的立委選舉、三合
一地方首長選舉中節節敗退的主要因素。

　　把操弄族群的罪惡由國民黨身上卸下，而由
民進黨及陳總統來背黑鍋的，也是民進黨人。
2004年選後，當泛藍凱道抗爭持續不斷之時，一
群民進黨人「適時」提出了所謂的「新文化論
述」，呼籲民進黨及其同志「少提愛台灣」等本
土口號，以免撕裂族群，並主張承認中華文化是
台灣文化的核心。此一聲明無異承認並賦予泛藍
凱道抗爭的正當性，也污名化了本土化的運動。
從此，失去了主張本土、台灣主體正當性的泛

緣，很快就失去了民眾的熱情與支持。

此種不自覺地站在他者立場做些不利於自己的，也出現在去年3月，中國制定「反分裂國家法」之前後，台灣政府對接踵而來的中國國民黨副主席、主席等泛藍人士的緬懷之旅、和平之旅裝聾作啞樂觀其成的態度，無異將對方之立場予以正當化，把民主、自由無限上綱到國家認同之上，認同了他們這種叛國背台的行為，開啟了「聯共制台」的「康莊大道」。

扁政府之失策、廉潔問題固是因素之一，但能讓民進黨及其領導者不自覺地站在他者（敵國）立場的「超限兵法」，才是此役的幕後「功臣」，其「運籌帷幄」的隱密性、功效性，實在令人咋舌。

（自由時報　2006 年 9 月 26 日）

民進黨的變質與藍化

最近幾週扁、李及泛綠民、台間之嫌隙甚囂塵上，但若仔細分析各方說法及其演變，雙方關係之惡化非只因阿扁政府弊案頻傳或一些官員之貪瀆，主因還是源自更根本的政策差異，亦即對本土自主意識之認同，且是長期累積之結果。

平心而論，政治立場上，雙方立場差異並不大，均以民主、自由、尋求台灣主權獨立與國家之正常化為努力目標，但經濟面則南轅北轍。2001年扁政府中止了「戒急用忍」，對中國採取「積極開放」政策，應是扁、李關係龜裂的開始，也是兩人心靈上漸行漸遠最重要、也是最深沉的因素。因為戒急用忍與積極開放代表了雙方對中國及對本土自主意識之不同認識。李前總統一向在意台灣之國家安全與經濟安全，對中國「以經促統」策略持相當深度的戒心，認為過多對中國之投資與經濟上過密的結合，會因兩岸所

得水準差異過大，必使台灣經濟為之稀釋，國人
所得水準下降，不利台灣經濟之發展；政治面亦
因中國對台始終以併吞為終極目標，必使台灣邁
向正常國家之願景無法達成，北京對台商之政治
壓力亦必使民主的本土勢力日漸式微，終極必走
向香港之路，此非二千三百萬人民所願見。台聯
黨奉李前總統為精神領袖，因之台聯黨之兩岸政
策亦師承上述看法。

　　民進黨建黨之初，係各方反國民黨、反獨裁
勢力之結合，政治主張明確，即尋求民主、自由
及台灣主權之獨立（如上述），由於建黨之初是
台灣唯一的反對黨而迅速獲得普遍之認同。但經
濟政策方面，除了注重環保及代表弱勢團體外，
尤其對兩岸經濟政策特別顯得模糊且至為分歧。
在模糊的認知下，民進黨竟然推舉主張「大膽西
進」、鼓吹「立即三通」的許信良為主席，主導
了民進黨的政策方向。1998年民進黨在許主席之
主導下，對中國政策舉行了一次黨內大辯論，成
功地將結論引導至「強本西進」，在純本土的政
黨摻進中國「統一」的酵素，注定了民進黨今天
「似獨非獨」、「似統非統」的邏輯難以貫通，

「政策搖擺不定」的困局。

　　不管從理論邏輯或從現實環境言，本土化（或說主權獨立）與大膽西進（或說積極開放）在台灣是互相排斥、無法並存的國家方向，但很不幸的，這兩個無法並存的國家方向，卻偏偏一直並存於民進黨的主要政策論述之內，注定了民進黨的質變與藍化，在「西進」幽靈的纏繞中，民進黨的執政團隊不自覺地接受了「台灣的將來在經濟，經濟的將來在中國，搞好兩岸關係是政府首要工作」的經濟三段論述。與台商的結合一久，腐化、貪瀆、弊案當然就接踵而來，亦與本土化，即國家主權產生了摩擦與互斥，正名、本土教育、制憲之遲遲不前，與此亦脫不了絕對的因果關係。

　　積極開放的弊害，經六年之實踐已歷歷在眼前，經濟成長腰斬，台商得利，萬民受困，本土力道式微，貧富差距迅速擴大，民心背離。但奇怪的，「經發會」翻版的「經濟永續發展會議」又在「直航」、「鬆綁」、「開放」聲中於各地展開，政府亦不諱言「自信開放」。民進黨對兩岸政策喊出的口號確實不少，「大膽西進」、

「固本西進」、「積極開放」到今天的「自信開放」，看來李、扁與泛綠民、台間之嫌隙只會越來越大，問題是在中國不承認我國主權之前，「政治獨立」與「經濟統合」（即自信開放、大膽西進）絕對是不能共存的兩個命題。

（自由時報　2006 年 9 月 6 日）

「台灣關係法」會成廢紙嗎？

陳水扁總統出訪中美洲，去程、回程都未過境美國，對此立委蔣孝嚴表示，若因此未來台美關係陷入僵局，「台灣關係法」可能變為廢紙，一旦台海衝突，台灣恐失去美國奧援。

台美關係真的那麼脆弱嗎？只因為了過境事鬧彆扭，就連「台灣關係法」也不要？若真如此，台美關係早就在 1957 年的劉自然事件美國駐台大使館被反美群眾丟石時就已破裂，1972 年聯合國席次保衛戰中，蔣介石總統拒不接受美國建言之時，「台美共同防衛條約」應就已壽終正寢。當時台美間齟齬之大遠非今日可比，可是「美大使館被砸」並未使美國放棄蔣氏政權，蔣氏固執拒不退出安理會亦未使美國撕廢「共同防衛條約」。顯然，國際關係有其現實的一面，真正左右「國與國關係」的是，「國家利益」及「國際力量」。

　　1972 年，美國之所以會建議台灣重新加入聯
合國，是因為承認中國為合法政權的國家增加到
美國認為已無法阻擋中國進入聯合國。即中國之
政治力量已大到美國不得不讓步，退而要求台灣
重新加入聯合國，以保美、台之利益。1979 年美
國之所以會與中國建交，也是因為中國加入聯合
國取代中華民國後，對國際之影響力迅速擴大，
情勢使美國不得不在外交上自台灣撤退。但由於
中國軍事及經濟力量尚微不足道，所以美國國會
才會在同年 4 月順利通過「台灣關係法」，而未
受到中國強烈的反彈。可見「國家利益」與「國
際力量」才是真正決定台、美關係的最主要因
素。

　　不幸的是，1990 年起情勢又有了變化，1989
年六四天安門後，台商不顧國際對中國之制裁，
大舉登陸。中國「經濟力量」從此崛起，「軍
力」亦得以擴充，使國家利益及國際力量逐漸向
中國傾斜。六四天安門後，台灣對中國之生產性
投資，累計已達二千八百億美元。結果，中國現
在已是第二大貿易國（去年貿易額一兆四千二百
二十一億美元），但其二十大出口商，台商就占

約一半。中國的資訊硬體產值也是世界第二，其中高達七十九％（2004 年）是由中國之台商所製造。中國的外匯存底已累計到世界第一的八千七百五十一億美元（至 3 月底），足以左右美國公債市場之價格，撼動美國的經濟。去年中國對美國貿易順差達二千零一十六億美元，其中台商就貢獻了一半。為了收買美國民意，不久前中國副總理吳儀才在美國大撒一百六十二億美元的訂單（包括八十架波音七三七）。

　　錢足以使鬼推磨，中國經濟利益的魔掌，正日益深入於美國，也正在東南亞確立其霸權。此次陳總統欲借道美國所遭到的種種困難，追根究柢就是中國經濟、軍事力量壯大的必然結果。

　　是以，我們奉勸那些「警告」美國將會廢棄「台灣關係法」的立委們，若真正擔憂台灣的將來，就別再推動「促進兩岸經貿」的法案，需知當中國的經濟力量及由經濟所支撐的軍事、政治力量大到足以與美國抗衡，讓美國認識到「為了美國國家利益，國際戰略不得不更改」時，就是美國放棄台灣，撤回「台灣關係法」的時候。而助中國經濟快速崛起，改變國際情勢用以圍困台

中華民國三段論是自投羅網

據報，最近綠營出現了一個新的論述，稱為「中華民國三段論」。它的三段論點是：一、中華民國是一個主權獨立的國家；二、中華民國的主權屬於二千三百萬台灣人民；三、台灣前途的任何改變，只有二千三百萬台灣人民有權做最後決定。

種種跡象顯示，這一個新論述很有可能成為政府的新政策基調。若細嚼其內容及其論述邏輯，不難發現此三段論看似結構完整，仍具邏輯上的缺陷，很容易為中國所移花接木，成為北京用來扼殺台灣的利器。

大家都了解，近幾年藍、綠雙方都為了「一個中國」各自表述的真偽相持不下，為的是「一個中國」不管如何表述，中國就是中華人民共和國。由於中國與台灣比土地或比人口，大小都過於懸殊，如此客觀條件下，與中國論爭「中國」

或「中華」，台灣就必然會被國際歸類至中國之一部分，而此中國（或中華）就是中華人民共和國，對台灣主權之獨立與生存必產生非常不利之影響。

由於中華民國憲法是 1947 年在南京制定的，領土包括中國大陸及蒙、藏、新疆（固有領土），我們若尚未進入實質談判之前，就自發性地提出「中華民國三段論」，可能會產生如下後果。即北京會找機會利用此綠營政府自提之「中華民國三段論」，而稍加修飾，完成北京版的「新中華民國三段論」（或可稱「一個中國」新論述），強加於台灣、網住台灣，要求台灣往後不得逾越此一範圍，達「捉鱉入甕」之效。此北京版的「新中華民國三段論」將會是：

一、中華民國是一個主權獨立的國家，依憲法台灣屬於中華民國。（註；因憲法上的領土大於台灣）。二、中華民國的主權屬於二千三百萬台灣人民，也屬於中國大陸十三億中國人民。（註：依中華民國憲法之領土規範）中華民國於 1971 年聯合國二七五八號決議，由中華人民共和國所繼承。三、（因此）台灣是中華人民共和國

之一省，台灣問題屬國內事務，台灣前途任何的改變只有中華人民共和國所屬人民有權做最後決定。

因此，「中華民國三段論」若真的由台灣政府自己所倡導，即在國外確有被中國利用來套住台灣的無限可能，達成北京始終如一所主張的「一個中國」之最終目標，同時在國內也會掀起一股政治中國熱，一舉把連、宋朝聖北京的行為及言論予以正當化。換言之，「中華民國三段論」，從另一角度言，是「一個中國」之新論述，亦可視為是台灣方面透過新的論述，以迂迴方式接受了「一個中國」。

筆者認為，「中華民國三段論」，千萬不要做為國家政策，尤不宜在「國家安全報告」做出政策性宣示。若貿然為之，何異於自投羅網，台灣必成為中國之囊中物，台灣問題之中國化就不能免，台灣之安全必蒙受無限之傷害。

（自由時報 2005 年 7 月 26 日）

解剖「國會改革修憲案」

去年8月23日第五屆立法院第五會期第一次臨時會第三次會議通過了「國會改革修憲案」。由於此一修憲案依2000年修正通過的憲法增修條文，需提請任務型國代行使複決方能完成修憲手續，據此中央選舉委員會決定於本月14日舉行國民大會代表之選舉，首次啟動任務型國代的複決機制。

我國之立法院一直被認為是我國民主政治亂源之一。是故，此次修憲係以國會之改革為其重心，其內容包括：一、立法委員席次減半，由二百二十五席減為一百一十三席，二、區域選舉改為單一選區兩票制，三、廢除國民大會，此後修憲將由國代複決改為公民複決（排除公民創制權），四、立委任期延長為四年，並自第七屆與總統選舉同一時程，五、大法官審理總統彈劾案等。其中第四項及第五項較無爭議外，第一、

二、三項之各黨看法及立場至今仍然相當分歧，對修憲案表達反對者有台灣團結聯盟、無黨團結聯盟、親民黨、新黨等，贊成者有民主進步黨、中國國民黨等。

可是說也奇怪，原本以為受到民意高度支持的修憲案，選情卻是空前冷清，氣氛更是詭譎。由於國代選舉已迫在眼前（明天投票），有人擔憂依目前情況，投票率將會很低，低到可能影響修憲的合理性。爰此，本文特將其利弊得失做一番整理，及其可能帶來之後果陳述如次，供讀者參考，也希望國人能踴躍投票。

「立委席次減半」可以說是大多數民意之主張。去年在立院改選前之民意壓力下，終於獲得通過，真是得來不易。不過，對減半後之席次數是否適當，各黨派之間仍有不少疑慮與爭論。

建國黨認為，減半使權利越趨集中於少數立委，結果會造成「只有大企業養得起」，黑金也會越嚴重，合理人數應為二百到二百五十席。無黨聯盟認為，過少的立委人數有礙議會正常運作。親民黨亦認為立委席次調整的關鍵，應在於建立國會合理席次數，而非僅是單純的減少立委

席次,陷入數字迷思之中。

不過立委席次減半最大的問題,還是在於「票票不等值」。如南投有五十四萬人,但馬祖只八千人卻同樣享有一名額,金門也只六萬人。此種「票票不等值」的情況其實早已存在,只是立委席次減半之後問題更為顯著,且導源於歷史因素的不同政治光譜,使「票票不等值」的影響只對綠營形成衝擊,構起起跑點上的不公平性。

對此,綠營的領導者說:「沒關係,民進黨不能自己沒志氣,只要努力就可以把離島地區贏過來」。不過雖說如此,此種區域政黨屬性,實非有志氣沒志氣或有理想無理想的問題,而是現實存在的問題。依減半後的選區分配來看,此次國代選舉通過修憲案後,包括民進黨的綠營將在國會注定是少數黨的地位,整個國家亦將迅速向中國移位。這是值得大家深思的課題。

「單一選區兩票制」的選舉制度也是此次修憲爭議最多的部分。台聯認為選制不宜入憲,雖然也贊同單一選區兩票制,但卻傾向容許少數能夠生存的「德國式單一選區兩票制」,對修憲案的類似日式的單一選區兩票制即持反對態度,原

因是後者顯然有利於大黨，封殺了小黨生存的空間。無黨聯盟、親民、新黨、一五〇聯盟等對修憲案的單一選區兩票制亦均持反對態度。

單一選區的選舉，是每一選區只選出一名立法委員，所以選區會分得很小。它的好處是可以防止小黨林立之紛亂格局，有利於兩黨制度之建立。但優點同時也是缺點，因為此制度在某一程度上會壓殺新主張、新思維參與之機會，如台灣的民主改革，1970 年代的黨外人士、「社運先鋒」都是極少數，但早期的台灣選舉採大選區制，使這些黨外人士有當選之機會，終成為台灣民主運動的先鋒。若台灣在 1970 年代就採行單一選區的小選區制，這些台灣民主的「先知」絕不可能當選，台灣之民主化亦可能遙遙無期。所以有人說此次修憲案，兩大黨對單一選區之堅持多多少少夾帶了自私的動機，成為小黨攻訐之目標。

主張單一選區的主要依據是「兩黨政治」之建構。他們認為兩黨政治是民主的理想型態，如美國的民主、共和兩黨，英國的保守、勞工黨都是標準的兩黨政治。但兩黨政治之理想是有前提

的，即「兩黨對國家認同需一致」，如英國的保守、勞工兩黨在很多政策上南轅北轍，但對英國國家之認同卻是始終如一。很遺憾的是，台灣欠缺這一種認同，也因此台灣將來的兩大黨制不但無法穩定政情，反而隱含著莫大的危機。此次連、宋在中國所發表之言論，對華夏之認同與統一之願景，會因此次之修憲，透過選舉掌握國會而有一夜之間實現之可能。

另外值得一提者是，我們實難接納「往後修憲改為公民複決，就是公投入憲，就是實質制憲」的說法。我們必須了解，此次憲改過關之後，國民所享有之複決權只限於國會所通過的修憲案而已，而修憲所需之門檻又很高，為四分之三之出席及出席人員之四分之三決議，且正如本文各節所分析，當立委減半之後，國會之政治光譜在起跑點上就註定是藍多綠少之局，重要的修憲案如改變國土、國名的修憲必是渺茫，更糟的是，在藍營控制多數的國會下，「鳥籠公投法」亦很難在可預見之將來獲任何解套。亦即國人在鳥籠公投法無法解套、重要修憲案無望、公民創制權遭排除之情況下，那來公投入憲或實質制憲

可言？

　　總之，「國會改革修憲案」任務型國代選舉前夕，國人所必須深思者應是：此次之修憲目的為何，是不是一種錯誤的改革，會不會是民進黨的「自殺修憲」行為？請深思之後投入您神聖的一票。

　　　　　　　　（自由時報　2005年5月13日）

回應「公投是危險爆裂物」

拜讀林麗容教授「公投是危險爆裂物」一文（自由廣場，1月15日），對林教授就奧地利被納粹德國蹂躪的一段歷史之鑽研表示由衷之敬佩，但對此同一段歷史之解讀，筆者則與林教授不同，林教授認為，奧地利總理舒施尼格於1936年被迫與德國簽訂「七月協議」後，惟恐被希特勒所併吞，欲於1938年3月13日舉行全民公投，因此希特勒搶先一步於3月11日入侵，導致亡國，所以林教授反對政府於3月20日舉行公投。

德軍之入侵是否因奧地利要舉行公投所引發？明眼人都瞭解，除非奧地利接受成為德國之一部分，德軍之入侵只是遲早的事，公投只是藉口。若奧地利不舉行公投，德軍就不入侵的看法，可能太看扁了希特勒的雄圖，德軍之入侵波蘭、席捲法國即整段歐洲近史證明了一切，是無

需狡辯的。

若奧地利總理舒施尼格有錯，其錯在他太沒有遠見、太欠警戒心。他應早在希特勒整軍經武之初就採取行動，包括公投與整軍，喚起國民維護國家之意志，而不是處處退讓，委曲求全換取暫短的和平，更不應該簽訂「七月協議」。好的領導者應有預測將來的智力，對可能發生的情況及危機，事先加以防範（如台灣 3 月 20 日即將舉行的防衛性公投），而絕不是討好敵人，視敵為友。舒施尼格就是一面鏡子，當他發覺事態嚴重時，一切都已太晚。

中國想併吞台灣之意圖至為顯明，除非我方甘願做為中國之一省，屈就於「一國兩制」之擺佈，中國之侵台已是遲早之事，難道我們還要把四百九十六枚飛彈視若無睹，裝傻過和平之日子？難道我們還要等到中國對台飛彈累計到一千枚，中國武力足以閃電席捲台灣之時再來公投，那時所做的公投就必落到如舒施尼格之結局。

幸虧中國當今尚無力閃電攻占台灣，台灣若不在此時出聲，告知愛好自由和平的友邦與友人，還要等到何時？

　　政府現要推動的公投是和平公投,是要求中國撤離飛彈的公投(不是統獨公投),執行此種防衛性的公投是領導者的責任,也是義務,是智取智活,是政府保障二千三百萬人民自由、尊嚴、幸福與繁榮的至高責任。做為一國的國民,我們也應該做為政府的後盾,去贊成它,極力發聲要求中國撤離銷廢飛彈,這樣才能獲取真正的和平。

(自由時報　2004 年 1 月 17 日)

革命運動研究
～掌握台灣建國最後一哩路

作者：劉重義‧李逢春合著

定價：290元

　　革命是什麼？為什麼要革命？革命運動憑藉什麼？如何掌握並促使革命運動成功？更重要的是：如何為台灣民族民主革命的最後一哩路掌舵，使獨立建國勝利成功？《革命運動研究》能幫助讀者激發思考創意、獲得解答。

作者簡介
劉重義博士

　　劉重義台南市人，台南一中、清華大學畢業後，前往美國俄亥俄州立大學進修，1972年將「哥倫布市台灣同鄉會」公開登記成為俄亥俄州立大學的國際學生組織，另外也結合同鄉秘密從事對台灣島內宣傳台獨思想的工作，取得博士學位後搬到華盛頓DC任大學教授。1982年負責台灣獨立聯盟美國本部宣傳部，1984、1986年分別當選美國本部第二副主席、第一副主席，繼續兼任宣傳部長，並負責學生盟員小組，出版包括第一本留美學生運動史《風起雲湧》。

李逢春博士

　　李逢春專長於政治經濟學及國家發展方面的研究，曾在歐洲與美國學習。在學期間，積極參與海外台灣留學生工作，根據學習經驗，對台灣問題進行分析瞭解。其後，又參與台灣獨立聯盟、台灣人公共事務會及台灣國際關係中心等海外台灣人組織，主要負責宣傳方面工作。

台灣進行曲

作者：李敏勇
定價：250元

　　《台灣進行曲》以「未清算的歷史」與「未完成的革命」兩輯呈現李敏勇以詩人之眼對台灣民主轉型期的觀察與批評，既批判了殖民體制，也反思了本土政治改革運動。

　　對於台灣的國家重建與社會改革具有深刻思維的李敏勇，在論述篇章中流露他的台灣之愛，流露他兼具溫柔與剛性的風格，流露他以文化為核心的文明性和進步性。　在自由時報與台灣日報論述專欄發表的這些動人篇章，見證台灣邁向新世紀的動向，描繪台灣的願景和視野。

作者簡介
李敏勇

　　詩人，評論家，台灣屏東人，出生於一九四七年，大學修習歷史，以文學為志業，曾主編《笠》詩刊，擔任台灣文藝社長、台灣筆會會長。出版詩集、譯詩與解說、散文隨筆、文化與社會評論近四十年。曾為鄭南榕基金會、台灣和平基金會董事長，現為現代學術研究基金會董事長。

Ka-Ka: 華禍

作者：黃文雄
定價：290元

亞洲睡獅醒了，當中國改變世界，全球恐慌失措，百萬台灣人長留大陸，家庭婚變，生活質變，社會巨變時，旅日重量級作家黃文雄，賣命執筆，直搗中國命根要害。

作者以八大角度，徹底分析中國和平崛起的底細，從歷史、文化、經濟、人性、社會、政治、軍事，打破中國神話，瓦解中國迷思，摧毀中國迷戀。

二十一世紀是地球人類的新世紀，非中國人自大自私、竭澤而漁的黑暗世紀，危機即轉機，爭戰見平和，需要這代人的大智大慧。

黃文雄

1938年生於台灣高雄縣岡山鎮。1964年赴日。1969年早稻田大學第一商學部畢業。1971年明治大學大學院政治經濟學研究科西洋經濟史學修士(碩士)。

現在除活躍於評論界外，並擔任日本拓殖大學日本文化研究所客座教授。

以銳利的筆鋒持續活躍於評論界的黃文雄，秉其有力的歷史觀及其博聞強記的知識，在日本展開其文明論，在台灣也以哲學者知名，寫作活動以台灣和日本為其兩大主軸，言論活動則擴及到美國和歐洲。

在台灣，1994年黃氏以《台灣人的價值觀》(前衛出版社)獲得巫永福評論獎和台灣筆會獎，漢文著書約有30多種，在台灣的言論界，持續維持其強大的發言分量。

瀕臨危急存亡的台灣

作者：宗像隆幸
定價：180元

開羅宣言為何帶給台灣悲慘的命運？二二八事件從何發生？蔣介石何以錯失解決台灣問題的良機？台灣關係法真能保衛台海安全？台灣如何推行民主化？《瀕臨危急存亡的台灣》能幫助讀者了解歷史、洞悉真相，獲得獨立思考的能力。

本書原名《瀕臨存亡危機的台灣：中國若併吞台灣，日本將成為屬國》，漢譯本擷取了與台灣關係較密切的四篇論述，包括今年2月與前總統李登輝的一篇訪談。本書對於造成台灣現今處境的來龍去脈有淺明的陳述與精闢的見解，最重要的，作者提出了警訊：日美兩國均希望台灣維持獨立的現狀，但卻不自覺其對台政策是在促進中國併吞台灣。

這不僅是台灣的危機，更是亞太地區的和平將受威脅的世界危機。為促使日美兩國改變現在的對台政策，為了台灣法理上獨立自主國家的地位，我們務須極盡所有的努力。

宗像隆幸（Munakata Takayuki）

1936年生於日本鹿兒島市。大學時期結識來日本的台灣留學生，瞭解到二次世界大戰後，佔領台灣的中國蔣介石政權以恐怖政治統治台灣人的事實。1960年在日台灣人留學生開始發起台灣獨立運動，翌年參加該運動，並協助從事月刊《台灣青年》的編輯等工作。至今仍不改此志。

著有1987年《俄國革命的神話──全體主義體制是如何誕生的》東京‧自由社、1988年《台灣獨立運動的思想與戰略──為自由而戰》台灣‧南冠出版社、1990年《新台灣》（合著）東京‧弘文社、1996年《台灣獨立運動私記──35年之夢》東京‧文藝春秋社、1996年《台灣獨立運動私記──35年之夢》台灣‧前衛出版社。

台灣國家之道

作者：張燦鍙

定價：180元

〈文化：台灣問題的根源〉
〈台灣：舊的神話和新的現實〉
〈台灣建國藍圖：建設東方瑞士〉
文化是台灣國家台灣民族之根
建設台灣新文化才是建國之道

　　台灣獨立建國之路該怎麼走？張燦鍙致力台灣獨立運動四十餘年的思想結集，探討台灣文化獨立之路的深層問題，剖析台灣建國之路的種種障礙，解開台灣在歷史、心理、文化和制度上的種種迷思。

作者簡介

張燦鍙

　　1936年生，台南市人，台大化工系第一名畢業，美國萊斯大學(Rice)化工博士，加州理工學院博士後研究，紐約庫伯大學任教二十年，曾任化工系主任。從事台灣獨立運動四十多年，前後曾任世界台灣獨立建國聯盟主席十八年。回台後，曾任台南市長四年，現任「開創台灣文化基金會」董事長、美國華盛頓國際中心董事。著有：《建設東方瑞士：台灣建國藍圖的探討》(1983)、《台灣：舊的神話和新的現實》(1987)、《台灣獨立運動三十年》(1991)、《文化：台灣問題的根源》(2003)、《八千哩路自由長征》(2006)。

新國民文庫NC06

台灣的抉擇

作者：曹長青
定價：250元

　　中國和台灣，泛藍和泛綠，到底在爭什麼？表面上看是要中國，還是要台灣；做中國人還是做台灣人。但從根本上來說，它是一個價值選擇：是尊重人的選擇權利，還是維護建立在血緣、種族、國家概念之上的群體主義意識形態。

　　隨著中國經濟的崛起，大中華民族主義情緒不僅會在中國持續升溫，也會在台灣那些自認中國人的心中增加影響力，進而阻礙台灣走向法理獨立國家的步伐。泛藍、泛綠，下一步誰將主導台灣？本書論述了為什麼在此歷史關頭，台灣人民的每一步選擇都命運攸關。

作者簡介

曹長青

　　1982年畢業於黑龍江大學中文系。早期從事詩歌創作和詩歌理論研究，後進入新聞界，曾任《深圳青年報》副總編輯，該報八〇年代中期因大膽敢言被中國政府關閉。

　　1988年赴美後，曾在哥倫比亞大學東亞所和夏威夷東西方中心進行新聞研究，後專職寫作，為多家報刊專欄作家和電視電台評論員；現居紐約。

台灣近未來

5年、10年後的台灣,是生還是死?

作者:黃文雄

定價:250元

　　台灣位在東亞大陸第一島鏈的南北樞紐,在地理政治學上,具重要而特殊的地位,成為左右美中關係或21世紀世界局勢的關鍵。所以,環繞台灣的國際力學環境,特別是台、美、中、日的角力關係變化,將決定台灣未來的走向,但在此之前,台灣內部本身的傾軋變動,將先決定台灣的生死命運。

　　本書從台美日中的軍力、經濟社會,及亞洲新勢力:印度與蘇俄的崛起來看台灣生存的國際空間,並提供讀者全面而客觀的數據資訊,不受毫無根據的選擇性惡意報導言說所左右,同時明白指出台灣社會的當前困境與難題,做為預知破解的參考。

黃文雄

　　1938年生於台灣高雄縣岡山鎮。1964年赴日。1969年早稻田大學第一商學部畢業。1971年明治大學大學院政治經濟學研究科西洋經濟史學修士(碩士)。

　　現在除活躍於評論界外,並擔任日本拓殖大學日本文化研究所客座教授。

　　以銳利的筆鋒持續活躍於評論界的黃文雄,秉其有力的歷史觀及其博聞強記的知識,在日本展開其文明論,在台灣也以哲學者知名,寫作活動以台灣和日本為其兩大主軸,言論活動則擴及到美國和歐洲。

　　在台灣,1994年黃氏以《台灣人的價值觀》(前衛出版社)獲得巫永福評論獎和台灣筆會獎,漢文著書約有30多種,在台灣的言論界,持續維持其強大的發言分量。

國家圖書館出版品預行編目資料

西進亡國論 / 黃天麟著
初版. 台北市；前衛，2007.10
464面；17*11.5公分.—(新國民文庫；18)
ISBN 978-957-801-549-4(平裝)
1.台灣經濟 2.台灣政治 3.言論集

552.337   96016661

西進亡國論

著　　者　黃天麟
出 版 者　台灣本鋪：前衛出版社
　　　　　11261 台北市關渡立功街79巷9號
　　　　　Tel: 02-28978119　Fax: 02-28930462
　　　　　郵撥帳號：05625551
　　　　　E-mail: a4791@ms15.hinet.net
　　　　　http://www.avanguard.com.tw
　　　　　日本本鋪：黃文雄事務所
　　　　　humiozimu@hotmail.com
　　　　　〒160-0008 日本國東京都新宿區三榮町9番地
　　　　　Tel: 03-33564717　Fax: 03-33554186
出版總監　林文欽　黃文雄
法律顧問　南國春秋法律事務所 林峰正律師
出版日期　2007年10月初版一刷
總 經 銷　紅螞蟻圖書有限公司
　　　　　台北市內湖舊宗路二段121巷28.32號4樓
　　　　　Tel: 02-27953656　Fax: 02-27954100
©Avanguard Publishing House 2007
Printed in Taiwan　ISBN 978-957-801-549-4
定　　價　新台幣400元